社會政策與社會行政

陳 國 鈞 著

學歷：荷蘭海牙社會研究院社會政策科畢業
經歷：滬江、之江、東吳、中華、政治、淡江
　　　等大學教授
現職：國立中興大學社會學系專任教授
　　　東海大學社會工作學系兼任教授

三 民 書 局 印 行

國家圖書館出版品預行編目資料

社會政策與社會行政／陳國鈞著. --三
版. --臺北市：三民，民87
　　面；　　公分
　參考書目
　ISBN 957-14-0311-3(平裝)

網際網路位址　http://www.sanmin.com.tw

ⓒ 社會政策與社會行政

著作人　陳國鈞
發行人　劉振強
著作財　三民書局股份有限公司
產權人　臺北市復興北路三八六號
發行所　三民書局股份有限公司
　　　　地址／臺北市復興北路三八六號
　　　　電話／二五○○六六○○
　　　　郵撥／○○○九九九八──五號
印刷所　三民書局股份有限公司
門市部　復北店／臺北市復興北路三八六號
　　　　重南店／臺北市重慶南路一段六十一號
初版　中華民國七十六年九月
三版　中華民國八十七年十一月
編　號　S 54016
基本定價　伍　元
行政院新聞局登記證局版臺業字第○二○○號

有著作權‧不准侵害

自　　序

　　國內各大學社會學系、社會工作學系的課程標準，每隔幾年都會由教育部加以修訂，其中修改較多者，為「社會政策」一課。最先改為「社會問題與社會政策」，後又改為「社會政策與社會立法」，最近再改為「社會政策與社會行政」，以後不知還會有什麼新的改法？這樣一再修改的理由，可能認為單是社會政策一課，份量不夠，必須與另一密切有關的課予以合併較妥。這些課程原本是單獨一課，因為一再改為兩課合併，不但變動太多，也影響任教者不斷的配合，尤其因應實際需要，須改撰講稿，並非簡單容易。筆者多少年來，在大學中講授這方面課程，恰好遭遇這一影響，不得不屢次重新撰就講義，提供諸生研讀參考。今蒙三民書局總經理劉振強先生慨允，迅即付印成為新書，俾便一般讀者閱覽，至為銘感。

　　本書的內容，採取概論形式，分上下兩編：上編為社會政策，包括第一章社會政策概念，第二章國際社會政策，第三章各國社會政策，第四章我國社會政策；下編為社會行政，包括第一章社會行政概念，第二章國際社會行政，第三章各國社會行政，第四章我國社會行政，計分八章，約有二十餘萬字。

　　本書係在一面撰寫，一面講授的情況下，完成初稿，又經過一年的試教以後，再加整理付印，以期達成體系完整，理論與實際兼顧，其中

以我國社會政策與我國社會行政兩章，較為重要，更作正確的詮釋與發揮，對讀者當有極大助益。惟因為時倉促，仍不免有疏漏之處，尚祈賢達不吝指教，俾資以後改正，幸甚。

陳　國　鈞

中華民國七十六年五月卅日

社會政策與社會行政　目次

自　　序

上編：社會政策

第一章　社會政策概念

第二章　國際社會政策

第三章　各國社會政策

第四章　我國社會政策

下編：社會行政

第一章　社會行政概念

第二章　國際社會行政

上編：社會政策

第一章　社會政策概念

第一節　社會政策的意義

　　關於社會政策的解釋，各國學者意見不一，有謂為階級鬥爭的政策，有謂為階級協調的政策，有謂為圖謀全體社會福利的政策，有謂為圖謀階級利益的政策，於是議論紛紜，莫衷一是。再就世界各種流行主義的立場觀之，更有所謂共產主義的社會政策，資本主義的社會政策，社會主義的社會政策，以及法西斯主義的社會政策等的區別。因各有其不同的客觀環境與倡導者各殊的主觀意見，遂致形成各種殊異的理論與各種不同的實施計劃，實難獲得較為共同一致的定論。不過，社會政策是現代任何國家中最重要的一種政策，而現代各國實施民主政治，政黨以制定社會政策為其主要任務，藉社會政策以宣示其政治主張。所以在

事實上，各國莫不都制定有社會政策，並經由國家採取立法與行政的手段，具體地付諸實施，收效宏大。因此，我們對於社會政策的基本概念，凡是研究者都應該具有相當的共同認識。

英國的金高德氏在其近著『比較社會政策與社會安全』Comparative Social Policy and Social Security 一書中，特別強調的說，『人們決定社會政策時，能有充分的知識和瞭解，則不良的社會政策就必不會被採用。』此一說法，在開始研究社會政策之時，尤其值得我們深思。

現在我們不妨撇開上述有關社會政策的紛歧解釋而不談，專對於社會政策一詞所含有的意義，作一適當的解釋。讓我們先來了解『社會』、和『政策』兩詞的意義。

我們所用的『社會』一詞，乃譯自英文 Society，或 Social，最早是由日本人根據英文譯出來的。關於這一個名詞，在中外學者有過多種解釋，茲舉其重要者言之：

一、馬其維氏 Maciver 謂：『社會者，係指社會關係的全體。』

二、費爾康德氏 Vierkandt 謂：『社會是人類的集團。』

三、孫末楠氏 Sumner 與開萊 Cooley 謂：『社會是生活於一種合作努力以自存自續的一羣人。』

四、我國『辭源』：『社會，多人結合為一體，而互有關係者，即個人精神結合體也。』

五、孫本文氏謂：『凡表現社會行為的一羣人，就可稱為社會。』

綜合中外各家的說法，以孫本文氏的解釋較為適當，故社會一詞，可解釋為：『凡是集合的人羣，表現共同行為，即稱社會。』

接着說明政策一詞，也係譯自英文 Policy，也本是日本人根據英文的譯法。它在中外學者中也有多種解釋：

一、『美國大學辭典』American College Dictionary 謂：『政策

是一個政府，統治者，政黨或類似此者所採取和追求的行動路線。』

二、羅斯威爾氏　C．E．Rothwell 謂：『政策是指導行動的一套原則。』

三、金高德氏 Kaim-Caudle 謂：『所謂政策，就是從多種行動方案中選擇一個來實行。』

四、我國『辭源』：『政策是行政的計劃。』

五、我國『辭海』：『政策是國家或政黨謀實現政治上之目的，而採取之具體方策也。』

根據中外說法，其中似以羅斯威爾的解釋最為可取，因為它比較概括而扼要。

我們依上面的解釋，把社會和政策二者連合起來，就可明白以社會為對象而施行的政策，即可稱為社會政策。不過，這樣的解釋社會政策，還是過於籠統，茲再列舉中外數例言之：

一、美國『社會學辭典』Dictionary of Sociology：『社會政策是對社會控制方向的一貫態度，不論其目標與方法。』

二、德國費休氏 Fischer 編『國家政治辭彙』中，謂：『社會政策實為人類努力與行動措施的綜合，旨在調整所得的分配與平衡社會經濟生活的負擔。』

三、我國『辭海』：『社會政策是國家為解決種種社會問題所採行之政策也，如勞動者保護政策，失業救濟政策，及濟貧政策等皆是。』

四、言心哲氏謂：『社會政策，是推行社會事業時所應採取的一種方針。』

五、包華國氏謂：『社會政策，是國家以政治力量，以謀有關社會在有秩序的狀況中從事改進，以達成該社會的平均發展。』

六、龍冠海氏謂：『社會政策是解決或對付社會問題的基本原則或

方針。』

七、白秀雄氏謂：『社會政策乃是社會行政的計畫，政府在社會福利方面的措施的最高指導原則，指導方針，是政府或政黨為實現其在社會福利方面的目標而採取之具體的行動路線，基本原則，基本方針。也可以說是一個國家依據立國精神及當前社會需要而制定的一種有系統解決或預防社會問題，協調社會關係，革新社會制度與指導社會進步的施政方針，基本原則，具體的行動路線。』

八、岑士麟氏謂：『社會政策為運用國家權力，以解決社會問題，增進社會福利，改造社會制度，促進社會進步，並依據國家需要，選擇工作重點，策定努力方向的行動路線或指導方針。』

九、一九七二年在荷蘭海牙舉行的國際社會福利協會第十六屆大會，在會前印發的文件：Conference Bulletin May, 1971 for National Reports of the 16th International Conference on Social welfare 其中即有一段對社會政策的意義，作適當的解釋：『很多人都曾為社會政策作過解釋，但卻不能令人滿意。依傳統性的說法，社會政策當是一個國家所採行的一種政策，旨在減少被剝削階級的社會問題，而現代的想法則認為：社會政策乃是改進社會環境，以及探求全體人民的安全與平等的政策。』

綜合以上說法，簡言之，社會政策可說是國家政策的一部份，它是專門解決社會問題，或是從事社會改進所採行的基本原則或方針。

第二節　社會政策的由來

社會政策的意義，既已解釋明白，現在可進而說明社會政策一詞的

由來及對各國的影響。

按社會政策一詞，在世界各國中，以德國人言之最早，亦用之最早，稱作 Sozialpolitik，而且倡導最力。十九世紀的中葉，德國繼英國之後也發生工業革命，工業勃興的結果，形成了近代工業國家，但社會問題隨之發生，而社會問題中最主要的內容，就是由現代經濟所造成經濟上『弱者』的勞工，社會政策卽是防範和修正社會經濟所發生的弊害，予以救助及保護經濟上弱者的政策。其時，馬克斯 Karl Marx 正倡唯物共產學說，頓使德國社會思想陷於極端混亂，引起資產者與勞動者的對立局面，社會糾紛與騷動迭起，遂有柏林大學經濟學教授西摩拉爾 Gustav Schmoller 及華格納 Adolph Wagner 等主張應由國家制訂社會政策，立法建立制度，解決社會問題，以抑止共產思想。他們在社會政策學會未成立前，先廣泛使用社會改良 Social Reform 一詞，後來的社會政策便是由社會改良的引伸而發展出來的。遠在一八七二年七月十三、十四兩日，卽由西摩拉爾 Gustav Schmoller 率先領導，舉行一次社會改良會議 Kongress Fur Soziale Reform，同年十月六日又召開一次社會問題討論會 Versammlung Zvr Bespre Chung De$_r$ Socialen Frege，至一八七三年十月十三日在埃塞拉哈 Eisenach 鎮開會，才正式宣告成立德國社會政策學會 Verein Der Sozialpolitik，也正式使用社會政策一詞。嗣設會所於佛蘭克福城。當時舉行第一次會議時，主席西摩拉爾在致開會辭中便強調說明社會政策的立場，他說：

『本會議的性質，不是討論主義，是在深入問題的中心，把握目前最重要的改良事項，例如對於罷工、工會、工廠法、及住宅問題，使發生實際的效果。』

這便是依照西氏的見解，說明社會政策的立場，不在於討論社會思想，而在於實際地論述各種社會問題的如何去解決。這也是西氏領導德

國新歷史學派的經濟學教授們攻擊了當時英國曼徹斯特經濟學派空虛抽象的經濟思想,宣稱他們爲了保護勞動階級,並求解決德國當時嚴重的勞工問題,才組織德國社會政策學會。自從該學會成立以後,果然由於種種事實證明,對於德國國家社會方面,貢獻良多。尤對當時著名的鐵血首相俾斯麥 Bismarck 有顯然的影響,俾氏變爲他們最親近學生,不但採取他們的主張,而且立卽嘗試鞏固了國家的力量,從事改良勞動狀況,那便是十九世紀德國一系列的社會立法。同時,由於一般德國社會政策學者,相繼發表許多有關社會政策的專著,對於世界各國均有深遠的影響,而英、美、法諸國亦相繼首先採用此一名詞及其理論和做法,且頗風行。例如法文的社會政策,稱作 Politique Sociale,有時用社會立法 Legislation Sociale 也包括了社會政策的意思,這兩個名詞,在法文的意義上,本來就沒有多大的分別。但在英文方面,社會政策的名稱,卻有三種:Social Politics, Social Polity, Social Policy,這三種涵義相同,但今以用 Social Policy 居多,也較通行。

由於英國社會福利事業發展較早,提供社會政策研究者一個極豐富的探究領域,所以英國對於社會政策的研究,也隨著社會福利發展的新趨勢,傾向於複雜理論的鑽探,也更見系統與完整。目前英國設有社會政策專門研究或相關科目研究的大學約有廿餘所,各校有不同研究領域。如倫敦政經學院於一九三〇年代首創社會政策研究的先河,學人濟濟,並享譽國際,大多偏重於社會政策理論的建立,當代社會政策大師馬歇爾T.H. Marshall卽執教該院,所著『社會政策』(*Social Policy, Hutchinson*) 一書,已六度再版,厥爲社會政策的範本。此外,英國有關社會政策研究的書籍眾多,不勝其舉。專門性的定期刊有『社會政策季刊』,以討論社會政策的論文爲主,係劍橋大學出版部出版。近約克大學University of york社會行政學系主任瓊絲教授Katheleen

Jones 從一九七一年起主編的『英國社會政策年鑑』*The year Book of Social Policy in Britain*，極具參考價值，顯示出英國學者研究社會政策的熱烈，也引起英國社會大眾的廣泛重視，使社會政策的研究逐漸發展成爲全國人士注意的一門新課題。日本在明治維新時期，曾派遣許多學人留學德國，大事模仿德國，所以他們的社會思想很早就受德國的影響，在明治二十九年時，卽由桑田熊藏等學者發起社會政策座談，每月一次，翌年四月也宣告成立了社會政策學會，從此日本國內陸續出版有關社會政策的專著頗多。我國一般學者便在民國十幾年開始時沿用日本的譯名，並翻譯日本學者在這方面的名著不少，至民國二十九年社會部成立後，部內成立專門研究機構，尤多注意於社會政策的研究。一直至今，我國公私方面，都對於社會政策一詞，均已習慣使用。過去若干年來，我國學者有關社會政策的譯著，已出版者約有下列諸書：

一、『社會政策論』北澤新次郎原著，周憲文譯，新生命書局出版。

二、『社會政策原理』被多野鼎原著，劉侃元譯，大江書局出版。

三、『社會政策新原理』周憲文編，中華書局出版。

四、『社會政策 ABC』郭眞編，世界書局出版。

五、『社會政策大要』何思源著，商務印書館出版。

六、『新社會政策』永井亨原著，无悶譯，太平洋書局出版。

七、『世界各國社會政策』鄭斌著，自印。

八、『戰後歐美社會政策』余祥森，林眾可，鄧紹先編譯，華通書局出版。

九、『德意志新社會政策』德格蘭拉哈原著，鄧紹先譯，華通書局出版。

十、『中國國民黨勞工政策之研究』張廷灝著，華通書局出版。

十一、『社會問題與社會政策』周憲文著，中華書局出版。

十二、『社會問題與社會政策』謝徵孚編著，正中書局出版。

十三、『中國社會政策』包華國編著，臺灣省社會處編印。

十四、『民生主義現階段社會政策』談益民著，中央文物供應社出版。

十五、『社會政策與社會保險』方青儒編著，逢甲大學出版。

十六、『社會政策與社會立法』劉脩如編著，開明書局出版。

十七、『中外社會政策比較研究』劉脩如等著，中央文物供應社出版。

十八、『比較社會政策與社會安全』英金高德原著，黎明書局譯印。

十九、『社會政策與社會立法』岑士麟著，永大書局出版。

第三節　社會政策的理論

以上說的是社會政策名詞的由來，可知社會政策最初使用的是德國。一八七三年德國社會政策學會成立卽是最顯明之例。現在，我們為了確切說明社會政策的概念，不得不專談它一些有關的基本理論。這些理論都是在一八七三年德國社會政策學會成立以後所發生者，大部份為德國各大學教授的主張。在一八七一年時，有德人沃芬希姆 Herr Offenheim 者於 National Zeitung，特給與這些教授以講壇社會主義者 Katheder Sazialistun 的雅號，亦稱教授的社會主義 Professorical Socialism，頗流行於德國及國際之間。

我國孫本文氏在所著『社會學原理』一書中，亦有以下的簡要說明：『社會政策的發源地為德國，社會政策的理論體系，亦全由德國學者所創立，不但過去如此，卽在今日德國社會科學者大半信奉社會政

策，他們認為社會政策的內容，包含經濟學，政治學、社會學及哲學等所有學問在內的一大科學的結晶。』由此可見德國學者確是真正開創社會政策的理論。

首先要從早期的德國社會政策學者說起，其中第一位予社會政策以科學的概念者，為亞道夫華格納 Adolph Wagner (1835-1917)。華氏為柏林大學經濟學教授，與西摩拉爾共創社會政策學會，後與西氏意見不合而退出。他在一八九一年發表了社會政策、財政政策、租稅政策的論文，他說：『一般的所謂社會政策，是對分配行程的範圍內諸弊害，採取立法及行政手段，以爭取為目的的國家政策。』在華格納的意見中，有三點值得注意的，（一）是社會政策所指稱的社會諸弊害（即指社會問題），單指分配行程範圍內的弊害，也就是財產所得與勞動所得間的分配不均所發生的弊害，是私有財產制度的自由的經濟發展所必然產生的結果。（二）社會政策所要求的主觀的動機是在爭取，換言之，其用意是在如何緩和財產所得與勞動所得的對立，並如何調節其弊害。（三）社會政策是國家政策，必然的是要由政府採取立法的及行政的處理。這項政府的立法，即係指的是社會立法，後來果然都成為事實，被人稱為華格納的發明。

第二位是名經濟學家及社會學家宋伯德 Werner Sombart 於一八九七年發刊『社會政策的理想』一文，他有如下的說法：『社會政策就是以保持、增進、或抑制一定的經濟制度或其構成部份為目的，是經濟政策的諸方法之一。』在宋伯德的意見中，有兩點極其明顯的主張：（一）社會政策必是經濟性的，因為他相信社會政策的理想，在於經濟的完成，社會政策有了具備最高生產力的經濟體系始能實現。所以依宋伯德看來，農業、工業、商業諸政策非由國家統一指導不可，而成為此一統一指導方針的，就是社會政策。（二）社會政策必是階級性的，因為在國

家的內部，利益的不平等是一特徵，而此利害衝突的原因，是由於共存
的經濟制度的不調和，社會政策必須確定所欲實現的經濟生活方針，祇
有公然代表其所欲維護的勞動階級利益，否則，左顧右盼，便無政策可
言了。

第三位，是與宋伯德意見極接近的波特克維玆 Von Bortkeiwiez，
他於一八九九年發表『社會政策的概念』一文，認為：『社會政策的意
思，顯然是於國民經濟上及法律上的領域而為有效的活動，如農業政策
為地主與農民關係的調和，工業政策為勞動者保護，商業政策為社會的
關稅保護是。又社會政策在國家財政上亦有其重要的意義，如對於所得
稅，而採用累進課稅法或提高免稅最低限度，亦可認為大有社會政策價
值的制度。』波氏以社會政策是國家行使立法及行政的職權，祇有在特
定的一階級的福利觀點上，始能實施。

第四位是赫德林 Feriherr Von Hertling，也說明社會政策的概
念，旣不同於華格納僅指分配行程中的諸弊害而言，也不同於宋伯德僅
限於經濟制度，他認為社會政策基本的一般的任務，是在全民福利的立
場，調節社會各分子間所有一切利害關係的衝突，而不應以國民中的某
一階層或某一部份的偏頗的利益為對象。換言之，社會政策是經由國
家，對全體國民共同生活的利益，加以指導促進並調和。不過他又說
這樣廣泛意義的社會政策，為時尚早，當前僅能達成關於勞動階級的狀
態，要求及向上的特殊任務為目的的社會政策。如此講來，赫德林所說
的社會政策畢竟還是勞動政策，其領域仍未超出經濟關係之外。

第五位是瓦塞拉浦 K. Wasserrab，將社會政策分為廣義與狹義
兩種。廣義的社會政策，涉及國民福利及文化教育的立法與行政，與國
民經濟、人口、健康、並精神的倫理的宗敎的及社交的生活有關。因
此，廣義的社會政策，應包括人口政策、保健政策、文敎政策及經濟政

策。至於狹義的社會政策，則以社會上階級生活爲主，其目的僅在救濟勞動階級及貧苦階級，改善其經濟的，肉體的及精神的生活。

第六位是亞蒙 Alfred Amonn 的主張，又稍有不同的地方，他於一九二四年發表『社會政策概念』一文，認爲社會政策是特以對於維持並增進社會的物質依存關係的貢獻爲其本質的政治努力及方法。照他的意見，社會政策與經濟政策，在實行上雖有部份的重複，但有其根本的不同，而社會政策更爲廣泛，社會政策的一部份，常常包涵了經濟政策。又論社會政策與勞動政策時，他以勞動政策是因勞動階級利益所行的政策，是近代社會政策的一部份，而且是其大部份，和最重要的部份，但並非其本身就可以完全代表了社會政策。

綜觀以上德國六位學者所述，我們對於早期德國社會政策學者關於社會政策的概念，歸納起來，有下列三個要點：

1.社會政策是勞動政策，因大多數德國社會政策學者，以社會問題卽以勞動問題爲主，因此他們大多主張社會政策卽是勞動政策。

2.社會政策是經濟政策，因爲大多數德國社會政策學者是經濟學者，他們認爲社會政策的理想，注重於經濟的發展，所以社會政策是經濟政策之一；或謂社會政策比經濟政策更爲廣泛，但始終都離不了經濟。

3.社會政策是國家政策，因爲社會政策必須經由國家行使立法與行政的權能，始能實現。

在各國中，受德國學說影響最大的是日本。近數十年來日本學者討論社會政策時，也大都以德國的基本理論爲根據。遠者不必論，單以最近東京大學大河內一男所著的 『社會政策各論』， 和早稻田大學北澤新次郎所著的『社會政策各論』等書的內容觀之，例如大河內一男的『社會政策各論』， 分爲六章， 依次爲勞動保護、國際勞動保護問題、勞動保險、失業與失業對策、工資理論與對策、勞動組織與社會政策；又如

北澤新次郎的 『社會政策各論』， 分爲三章， 即勞動力對策、 失業問題、 社會安全制度。 由此可見他們都是集中於討論勞動保護、 勞工組織、工資、失業、保險諸問題， 仍是以勞動階級經濟利益爲主體的社會政策。

　基於以上的研究，我們以爲社會政策的概念，是可以隨著時代背景的不同而有所變更的。 因爲現在的社會情況， 變遷得很多， 變遷得很快，社會問題自不能以勞動問題爲限，社會政策也就不能僅以勞動政策爲限了，社會問題的性質亦不僅以經濟性爲限，那末社會政策也就不能僅僅局限於經濟的範圍以內了。

　此外，我們看看其他國家學者的說法，如法國著名法學家狄驥Lion Duguit 1859-1928認爲人類的生活，永遠是一種相依相助的生活，是互相依賴的，即是人與人在社會中永遠是連帶的，不論國家或個人，統須受到這種連帶關係的約束。這種約束，即成爲法律。故國家必須建立於這種法律基礎之上，以求社會連帶關係的確立與鞏固，並充分運用這樣的法律，以達到社會連帶關係所欲完成的使命。所謂國家政策，國家強制力，亦必須以這樣的強制力以維持社會連帶關係所生的行爲準則。他的最重要的意見，認爲法律是客觀的，法律必須絕對社會化，一定要符合社會的需要。

　很明顯的，狄驥的意思，是指稱國家的立法與行政，統須絕對社會化，也就是說國家政策統須社會化。這樣講起來，社會政策的概念就很廣泛而且很積極了。

　美國法學權威龐德教授 Prof．R．Bound 亦將法律的根本看成爲實現一切社會利益的工具，他分法律進化爲五個階段，而現階段的法律，即是法律社會化。據龐德的意見，人類在共同生活中欲求多種利益的實現， 法律即成爲此種實現的工具；社會愈進步， 生活愈複雜， 社

會化的法律也愈形必要。他並且更進一步要求今日的國家，除了以維護和平與秩序並保持安全爲其職司外，還要以人類福利的整個問題爲其範圍，並進而以行政措施，解除一切經濟上的和社會上的弊端，這樣一個國家才是大家所希望的。

根據以上兩位法學家的說明，可知現代的國家的社會政策，和以前所講的那些舊有的概念，可以說已完全不同了。一切都要放在社會的基礎上，以及放在社會共同生活的基礎上，那才是合理的。

於是乎我們不得不修正甚至於放棄一部份傳統的舊有理論，重新確定社會政策，以下的新意義爲：

『所謂社會政策，是經由國家以立法及行政爲手段，以提高國民生活，增進社會利益，促使經濟的社會的平衡發展。』

我們對這一個新意義，還可以分析說明下列三個要點：

1.社會政策的性質，是國家基本國策，必須經過立法機關及行政機關的處理，才成爲政策，實施起來，方能收效，這是社會政策與社會改良運動及社會主義思想根本不同的地方。

2.社會政策的實施對象，應以社會的全體爲對象，不是專爲社會的某一部份或某一階級少數人。社會利益是共同利益，社會政策應該爲最大多數人謀取利益，包括物質生活和精神生活在內。

3.社會政策的最後目標，是經濟的和社會的平衡發展；不應以社會政策視爲經濟政策的一種，亦不應以經濟政策應受社會政策的指導，而是社會與經濟兩種政策應並立於平行的地位，互相配合，互相影響，互爲因果，不偏舉，不偏廢，不牴觸，並駕齊驅，使兩方面的發展，相輔相成，趨向平衡，取得步調一致，庶幾達到我國三民主義中民生主義是解決『人民的生活，社會的生存，國民的生計，羣衆的生命』等問題。這都是現代社會學和經濟學最新的理論，亦卽聯合國在世界各地所倡導

推行的社會政策。

　　要而言之，現代社會愈進步，生活愈複雜，國家的機能，必須能夠適應此種新情況；僅是高高在上發號施令，維持秩序和平，是不能滿足國民需要的，一定要處處顧慮到國民生活和社會利益，所以國家的法律制度，必須絕對社會化，上述狄驥及龐德的話，正和我們　國父中山先生遺教：『政治，是管理眾人之事，』『社會問題即是民生問題，所謂民生問題，即是人民的生活問題（包括食、衣、住、行、育、樂），』『解決民生問題，才解決社會問題，』這都是不謀而合的至理名言。由於以上種種理論的分析，我們認為上述社會政策的概念，大致與現代社會學說及現代社會問題，都是很切合的。同時，可知我國現行的民生主義社會政策，完全符合現代社會政策的理論，也就顯示出我國社會政策的社會化。

第四節　社會政策的分類

　　我們在上面談到社會政策的意義時，說明社會政策是為了解決社會問題，可見社會政策與社會問題的關係非常密切，也由此可知許多國家的政府，為何要制定社會政策來解決社會問題。由於現代的社會問題繁多而複雜，因此社會政策的分類也就異常繁多而複雜，我們要將社會政策劃分清楚種類，那就不是一件容易的事情。就我們所知，到目前為止，社會學家對於社會政策的分類，始終還沒有一致的見解。現在試提出以下幾種分法來說一說：

　　（一）**依廣義與狹義分**：廣義的社會政策，是把所有國家之內的政策都包括之。例如外交政策可以說是社會政策中有關國際關係的部份，他如財政及經濟政策也可以稱為社會政策中涉及經濟的部門。像這種廣

義的社會政策，即是一般人所謂的國策。我們中華民國憲法的十三章即規定基本國策，其中共分爲六節：一爲國防、二爲外交、三爲國民經濟、四爲社會安全、五爲教育文化、六爲邊疆地區，這就可以說是廣義的基本社會政策。但是一般人所稱的社會政策，並不是將一國所有的國策都包括在內的，而是指除其他特定國策以外的社會政策，要小得多，有時更專指以救助需要社會扶持的人之政策而言，如感化政策、濟貧政策、兒童福利政策、老人福利政策等，這些就是狹義的社會政策。以我們的憲法來說，基本國策內的社會安全節所規定的各項基本政策，也即是狹義的基本社會政策。本書以後所要研討的社會政策，即係以這種狹義的社會政策爲範圍。現在我們研究的範圍雖然確定，但我們不能不特別指出，這僅是一種人爲的劃分，而社會的本質並不是單限於這幾種特定的事項。因時間與空間的不同，社會政策的種類可能因政府機構的分工或急需解決問題的，而會有所變更的。

　　（二）依其目標與方法分：這又可分爲放任與管制二類。所謂放任，普通是指統治者對於問題的發生，採取不干涉的態度，一切任其自然，也就是『無爲而治』，主張這種政策的，在我國歷史上，有道家；在西方，有十八世紀法國的重農學派和十八世紀下半期至十九世紀初期以亞當斯密斯爲首的古典經濟學派。但在事實上，絕對地實行放任政策的國家恐怕是沒有的。不過，僅就勞工問題而言，各國在初期多半都是採取放任政策的。至於管制的政策，採取干涉的態度，是比較普遍存在，這是由於人類社會生活本身上的需要，因爲如果絲毫沒有管制，社會根本不能成爲社會。可是管制也有程度上的差別，有的很嚴，有的則比較寬。依所用的方法來分，通常分爲消極的和積極的二種，前者屬於禁止或限制，其所用的方法主要的是懲罰，後者屬於保護或鼓勵，其所用的方法是獎賞。

(三)**依其對象與範圍分**：由於社會問題的複雜，依此標準來給社會政策分類，則更爲困難。茲僅就近代世界各國中比較常見的數種，舉例言之：

1.犯罪或刑罰及感化政策一與此有關的有禁娼、禁烟、禁賭、禁酒等政策。

2.人口政策（或稱民族保育政策）一與此有關的有國民保健政策、移民政策、種族或民族政策、家庭福利政策、生育節制或家庭計劃政策、及婦女兒童福利政策等。

3.農民政策一包括耕者有其田或農村土地改革政策。

4.勞工政策。

5.救濟政策，或公共救助政策。

6.就業政策，或就業安全政策，或人力政策。

7.住宅政策。

8.社會安全政策——這一政策的範圍較爲廣泛，可包括其他政策，但普通分爲兩大主要部門，卽社會保險與公共救助。如英國的社會安全制度是較爲完整，而且不斷謀求改進，自一九六六年十月，英國將主管社會安全的年金及國民保險部撤消，一度改爲社會安全部後，近又改爲衛生及社會安全部尤有很大的改變。目前英國的社會安全政策包括以下七大部門：

(1)國民保險 (national insurance)

(2)工業傷害 (industrial injuries scheme)

(3)補充給付 (supplementry benefits) (一九六六年前稱國民救助)

(4)家庭所得補助 (family income supplements) 簡稱 (FIS)

(5)家庭津貼 (family allowances)

(6)戰爭年金 (war pensions)

(7)冗員給付 (redundancy payments)

又如我國憲法上規定的社會安全，包括下列六種社會政策：

(1)就業政策——工作機會（憲法第一五二條）。

(2)勞工與農民政策——保護勞工與農民（同上第一五三條）。

(3)勞資關係政策——協調合作（同上第一五四條）。

(4)社會福利政策——社會保險與救助（同上第一五五條）。

(5)婦女兒童福利政策——保護母性（同上第一五六條）。

(6)國民保健政策——增進民族健康（同上第一五七條）。

這六種社會政策，還可概括為以下四種社會政策，即：1.民族保育政策（包括(5)、(6)、亦即人口政策）、2.農民政策（包括(2)）、3.勞工政策（包括(2)、(3)）、4.社會安全政策（包括(1)、(4)）這在我國被確認為四種基本的社會政策，因此在抗戰末期，曾公布了這四大社會政策綱領，即是我國第一次最為完備的社會政策，詳容第四章中再述。

在以上所述的各種社會政策中，自然以社會安全政策的範圍，包括最廣，它在近世各國的社會政策中，早已佔有極端重要的地位，很多國家已將此項政策明白訂入憲法之中，成為現代人類所共同追求的主要目標之一，甚之它已差不多被視為所有社會政策的一個代名詞。

第五節 社會政策與其他社會學科的關係

我們研究社會政策，除了專研究社會政策這一學科的本身以外，也應附帶研究與社會政策有關的其他學科。因為社會政策牽涉到許多學科方面的問題與活動，我們若要求社會政策健全而有效的實施，便不得不考慮到有關各學科方面的事實，使之彼此互相配合，始克有濟。在這一節中，我們就特別闡明社會政策與其他社會學科方面的關係，茲分別略

述之。

一、社會政策與社會學
Social Policy and Sociology

在十九世紀時代，就有許多社會思想家，認爲社會學可以提供理論，並可作爲制定社會政策的根據，用來解決社會問題。因之社會政策應屬於實用社會學或應用社會學Applied Sociology方面的一種學科，這在美國的社會學者通常都是這樣的看法。因爲他們認爲實用社會學可以說是一種社會工程學 Social Engineering，是專門研究那些有關社會改進的技術，研究促進社會自然發展之人爲的方法，以加速社會的自然過程，不僅在消極方面診斷社會的病情，亦著重在積極方面預防社會的病態，不僅對於舊有制度不滿足的不適應的或缺少的部份爲其修正與調整，更需要滿足其對於更完全更進步的生活的渴望，與一切崇高理想的追求，可以說實用社會學就是研究實際的問題，討論社會的目的與效果，這和社會政策的意義，完全是一致的。此外，許多社會學者的研究，都有很大貢獻。例如法國社會學者樓普萊 Le Play 1806-1882 的歐洲工人 Les ouvriss europeens 調查報告，對於當時歐洲各國政府的社會立法，發生了極大的影響。又如美國馬爵 William H. Mathews 的『匹茨堡調查』The Pittsburgh Survey Findings 提出了對於若干有關社會政策的具體建議，均爲美國聯邦政府及州政府所採納。像這些例子很多，都是實用社會學方面見之於社會政策的實行，由此可見社會政策與社會學的關係，尤其是與實用社會學的關係，是非常密切的，甚至於像美國有時將實用社會學即視爲社會政策，這也是有其道理的。

二、社會政策與社會問題
Social Policy and Social Problem

任何一種社會政策，都是以社會問題為對象，所以，社會政策與社會問題，顯然有非常密切的直接關係。它們之間的關係，可分別從兩方面來觀察，一方面是社會問題影響社會政策，這可從三點來說明：第一、社會問題，常因時間與空間而異，問題不同，政策也應有別；問題變遷，政策也須改變。例如英國的救貧政策，在十九世紀的，有異於十七世紀的，本世紀中葉的，又有異於前世紀的。又如日本的人口政策，在第二次大戰之前，與其以後的大有不同。第二、新問題新政策，有的問題過去沒有，而現在卻發生了，政策也是如此。例如勞工問題，是工業革命以後所產生的新問題，因此也就有新的勞工政策；又如少年犯罪問題，老年問題，人口集中與分散等問題，都是現代的新問題，也就有了對付這些新問題的新政策。第三、問題解決，政策就取消。如農奴政策因農奴的解放而作廢；戰時的糧食管制和配給，戰後多被廢除。

另一方面，是社會政策影響社會問題，也可從五點來說明：第一、社會政策可以減少社會問題的嚴重性。例如：近代許多國家，自從工業革命之後，曾發生了嚴重的童工與女工問題；但從它們實施保護童工與女工政策之後，這種問題，便沒有那麼嚴重了。第二、社會政策可以完全解決社會問題，使原有的問題消弭於無形。例如美國的黑奴問題，自從實施解放政策之後，該問題就不復存在。又如自從一八八〇年代起，美國實施取締華工政策，華工問題在美國，也就不再發生了。第三、但也有的社會政策雖然實施了，對於所應付的問題並無效果，而使問題轉移了方向。如古代羅馬曾實施增加人口政策，近代德國的希特勒也如此做，但他們的人口並未見增加。又如美國於第一次世界大戰之後，曾

實施禁酒政策，但私人家庭中仍大喝特喝，酒也變成黑市買賣。近代許多國家都實行了禁娼政策，然而他們的大城中原有的公娼都變了私娼。第四、有的社會政策實施之後，反而增加社會問題的嚴重性，或引起新問題的發生。如蘇俄實施集體農場政策，曾造成多次的農民暴動。共匪實施『新婚姻法』之後，離婚問題，更加嚴重，而且使成千成萬的婦女自殺；又自從他們實行『人民公社』政策和制度之後，更造成史無前例的社會解組問題，和黃帝子孫有史以來在生活上的最大悲劇。又如南非實施種族隔離政策後，該地區的種族關係愈形緊張，而且造成更多殺人放火的事件。第五、社會政策可以預防社會問題的發生，這可以說是制定社會政策的一個主要目的，也是社會政策的一個重大作用，凡是有眼光的政治家莫不注意及此。如十九世紀下半葉德國俾斯麥制定社會保險政策，用以預防德國勞工問題的發生，曾收到相當效果，又如我國國父孫中山先生制定節制資本政策，其目的即在預防我國資本問題的發生；還制定平均地權政策，其目的即在解決我國土地問題的嚴重。

三、社會政策與社會設計
Social Policy and Social Planning

　　前面已說過，政策，只是一種行動的方針或原則。要想使其實現成為事實，必須詳加計劃，凡是人類團體依其認為合理的目標而擬訂全盤的計劃，以從事有秩序的社會改進，這種過程，就稱為社會設計，亦稱社會計劃。它是實現社會政策的計劃，包括推行政策的方法、步驟、經費、人員等估計，要之，設計總是以政策為根據；如有政策而無設計，政策就無法實現。如果政策正確，而設計也精密，結果必佳，效果必大。例如我國在臺灣所推行的土地改革就是由於設計週密，詳細，審慎，才能推行有效。反之，如果設計不精密，政策縱使正確也無濟於

事。又如政策不正確，雖設計精密，也是徒勞而無功的。

四、社會政策與社會運動
Social Policy and Social Movement

　　假設有很好的政策和計劃而無一種團體的力量來予以推動，其結果是可以想像得到是不會成功的。所以，凡是一個團體為了應付某種社會問題或謀求某種社會政策目標，而發起一種集體行動來配合，這就稱為社會運動。這樣的運動對於社會政策有著很密切的關係。它們的關係，可從兩方面來說明：第一、有的社會政策是受社會運動的影響而被制訂及實施。例如十九世紀中葉美國發生反對華工運動，因而有排斥華工政策；又如工業革命之後，工業發達的國家，發生勞工運動，這便影響了保護勞工政策的實施。第二、有的社會政策制訂或實施後，容易引起社會運動的產生，其目的是為了擁護政策。例如共產國家的各種社會運動，像共匪的抗美援朝等運動，都是由統治者先制訂了政策，然後才由他們發動民眾來支持它們。又有的運動是為了反抗已實施的政策而發起的。如近代許多國家的婦女運動，都是起源於反抗禁止婦女參政的政策。又如在共產國家的人民中也常發生抗暴運動，這都是表示他們厭恨他們統治者所推行的壓迫和剝削政策。

　　無論如何，為了實施某種社會政策，有關當局實應倡導與其有關的社會運動，經過一番宣導和教育，使人民了解所欲推行政策的意義，並借重民眾的力量來實現其政策。許多制訂和實施政策者，往往不明白這一點，結果造成許多的不幸或悲劇，故應善為運用。

五、社會政策與社會立法
Social Policy and Social Legislation

我們要使社會政策有效的實施,必須緊接著制訂有關的法律。這樣的法律,就稱爲社會立法,就其對象來說,社會立法,是指制定社會的法律,以保護及改進社會中某些有特殊需要的個人,團體的利益或社會大眾的福利。

就其先後程序來說,社會立法是社會政策的具體表現,卽用法律的手續和條文,把它詳細規定出來,並以法律的力量,付諸實施,所以,社會政策的實施,須藉國家制定立法,於是社會政策總是在先,社會立法在後,故而社會立法卽係本著社會政策所主張的原則,例如有了保護或對付少年犯罪政策,然後才有少年法。大概當社會政策改變,社會立法也必須隨之改變;又對於某一種社會政策的研究,必須先參考與其有關的社會立法,由此可見兩者的關係,也是最爲密切的。

六、社會政策與社會行政
Social Policy and Social Administration

凡是執行國家的社會政策與社會立法,以及處理社會事業設施,通常都稱之爲社會行政。近來又有人稱爲社會福利行政,因此社會政策與社會立法是社會行政的主要依據。同時,我們要使社會政策的實現,必須有賴於社會行政的設施。蓋行政組織的健全與否,常足以影響政策的成敗。而且行政的效果也可以證明一個政策的正確性,行政的經驗也可以改變一個政策。如美國在羅斯福總統繼胡佛總統上台之後,社會政策便大爲改進,聯邦政府對社會福利的責任增加,其社會行政組織範圍也跟著擴大。其他實施社會安全政策的國家,自二次大戰後,在社會行政

方面的發展，大概也有同樣的趨勢，由此可見社會政策與社會行政的直接關係。

七、社會政策與社會工作
Social Policy and Social Work

　　負責社會行政的人員乃是社會行政的執行者。但是要想貫澈有關社會政策，他們尚須具有各種基本的技術人員或專業人才，這一種人員，就是普通所謂的社會工作者 Social worker。

　　社會工作一詞，可有二種解釋：一是作為一門學科看待，它所講授的是關於指導和協助有問題的個人和團體及指導和改善有問題的社會的各種知識與技術；另一解釋是作為一種活動或工作看待，它是指各種社會服務。就這個意義講，社會工作乃是以人道的觀念，科學的方法，組織的力量，及合作的步驟，協助個人與團體，獲得安定而健全的生活，並促進社會的進步。

　　社會工作本身，是一個相當複雜的現象，它所包括的範圍，和社會問題一樣的廣泛。因此也可有各種不同的分類方法，茲就常見的幾種言之：（1）依他地位或主辦者來言，有公立和私立兩類。（2）依其工作或服務場所分，有院內和院外二者。（3）依其工作設施方式分，有家庭式（如家庭寄養，家庭保姆之類），機關式（如兒童保育院）及社會式（如福利站，幼兒園等）。（4）依其工作方法分，有個案工作，集團（或團體）工作，及社區組織與社區發展等。

　　因此，社會工作，不論是那一種，與社會政策顯然都有密切關係。從一方面來看，社會政策可以影響或決定社會工作的性質、範圍、方式及方法等。例如，要是社會政策主張一切兒童，皆由國家負責教育，其社會工作的地位，場所，設施方式以及應用方法等，皆將與主張全由私

人負責教養者大有不同。總之，社會政策，是社會工作的指針；社會工作卻是社會政策的一種手段與一種方法，至今，社會政策已經成爲社會工作者的專業知識之一，在學校中已是必修的課程，在考試時也是必考的科目。

八、社會政策與社會研究（包括調查）
Social Policy and Social Research (Survey)

社會政策是以社會問題爲對象的，前已提及；換言之，社會政策是用來解決或對付社會問題的，所以在未制定政策之前，爲了對症下藥起見，必須對此欲解決的問題有充分的了解。如此，則非作社會研究或調查不可。社會研究是指應用科學方法去探討社會事實。社會調查可視爲社會研究的一種，如給它下一詳確的定義，我們可以說：社會調查，是應用客觀的態度，科學的方法，與合作的步驟，對某種社會情況或問題，在確定範圍之內，作有計劃的實地考察，並設法搜集大量的事實材料，予以統計分析，以資明瞭及改進該情況或問題爲目的。它與社會研究所不同的，在於後者的應用範圍較廣，又不一定是實地考察，而可以是屬於書本的研究，但無論是研究或調查，它們對於社會政策都有很大的作用，都有助於社會政策的制定及實施。我們對於某一社會問題或情況，可以先作研究，然後根據所得結果，而制定政策。但也可以先制定政策，而後作研究，以便決定該政策的實施範圍，步驟、及其可能性。此外，在實施政策之後，爲了明瞭政策的效果，也有作爲研究或調查的必要，茲舉幾個實例來說明之：

1.英國查理士布斯 Charles Booth 在十九世紀下半期所作的倫敦居民的生活與勞動調查，曾經影響了英國的社會政策，使英國政府從事制訂並實施關於貧苦家庭、學童、老年、盲人、健康保險、失業保險、

工廠管制及最低工資等政策。

2.從本世紀初期起，美國的少年犯罪研究，曾經影響美國對付少年犯罪問題的政策，使其由過去所採取的懲罰政策，改變爲敎育，指導及保護的政策。

3.瑞典在一九三〇年至一九四〇年代所作的人口研究，曾被利用作爲該國後來所訂的人口政策及家庭福利政策的根據。

4.英國學者貝佛里奇 W. Beveridge 對該國人民就業和生活問題所作的報告，曾經被採用作爲英國實施社會安全政策的藍圖。

從以上這些實例來看，可以看到社會研究或調查對於社會政策是有很大的貢獻。所以，凡是制定與實施社會政策的人，如果忽略了社會研究或調查，那他的工作一定是很難有效果的。因此，二者的關係是非常密切的。

第二章　國際社會政策

第一節　國際組織的協助發展

在過去，社會政策僅被視爲某一個國家本身自己的事情，不必去多管別國的。但從第二次世界大戰以後，世界上一百多個國家，在社會政策方面，已今非昔比，大都負有雙重艱巨的任務：一是本國的社會政策如何使其推進，二是國際的社會政策如何協調合作，以維持世界的和平。同時，國際性組織，逐漸增多，諸如聯合國及其附屬機構便擔負此項聯絡指導、並協助各國發展。聯合國的國際勞工組織 International Labor Organization （簡稱國勞I.L.O.）自第一次世界大戰後成立以來，便特別在這方面多所致力，頗著績效。它在五十餘年之中，制定許多公約和建議書，送請各國制訂社會政策，對各國社會政策推進的貢

獻，實在很大。雖然我國於一九七一年（民六十年）十月廿五日因故退出聯合國，同年十一月十六日亦退出國勞，但有關的情形，還是值得一提。

國際勞工組織，在每年的國勞大會裡，將討論重大勞工問題所獲的決議，往往制定成為國際勞工公約，自一九一九年起，至一九七一年止，共先後制定一三二個公約，經我國批准者，計卅三個，其中有關社會政策性的公約，主要者有三：一、為一九五二年第卅五屆國勞大會中，通過的一○二號公約，即是『社會安全最低標準公約』，共分十四章，八十七條，分給付種類及給付標準兩部份，其主要目標是在促請並協助各國推行社會安全制度；二、為一九六二年第四十六屆國勞大會中，通過的一一七號公約，即是『關於社會政策的基本目標與標準公約』，共七部份，廿五條，促使各國社會政策有其共同的目標與標準；三、為一九六四年第四十八屆國勞大會中，通過的一二二號公約，即是『關於就業政策公約』，促進各國就業的積極政策。這以上三項有關社會政策性的公約，可說都是國勞組織多年以來協助發展各國社會政策方面所作的努力和成就，茲依次分述於以下各節。

第二節　社會安全最低標準公約

一九五二年國際勞工大會第三十五屆大會通過的第一○二號公約，即『社會安全最低標準公約』，該公約旨在促進各國社會安全制度的推行，共計八十七條，分為十四章，茲列舉各章標題如下，以見其內容一般：

第一章：一般規定

第二章: 醫療給付

第三章: 疾病給付

第四章: 失業給付

第五章: 老年給付

第六章: 職業災害賠償給付

第七章: 家庭補助給付

第八章: 生育給付

第九章: 殘廢給付

第十章: 遺族給付

第十一章: 按期給付所遵守之標準

第十二章: 非本國籍居民之平等待遇

第十三章: 其他規定

第十四章: 最後規定

該公約的第一章第二條，作了以下的重要規定:

『實施本公約的會員國，

第一、應遵守:

（一）第一章。

（二）第二章、第三章、第四章、第五章、第六章、第七章、第八章、第九章、及第十章中的至少三章，包括: 第四章、第五章、第六章、第九章及第十章中的至少一章。

（三）第十一章、第十二章及第十三章的有關條款。

（四）第十四章；及

第二、在其批准書中所指明接受本公約有關第二章至第十章中何章的義務。』

以上規定所指的第一項中之（二）款，意即說: 實施本公約的會員

國，於醫療給付、疾病給付、失業給付、老年給付、職業災害賠償、
家庭補助、生育給付、殘廢給付、遺族給付等九項之中，至少應舉辦三
項，而此三項又必須包括失業給付、老年給付、職業災害賠償，殘廢
給付、遺族給付等五項中的至少一項在內，方才符合社會安全的最低標
準。後來於一九六七年第五十一屆國勞大會，又通過第一二八號『殘廢
老年及遺族給付公約』，即為第一〇二號公約的補充，旨在提高第一〇
二號公約規定這兩項給付的給付水準。

第三節　社會政策的基本目標與標準公約

在上述國勞有關社會政策的三大公約中，顯然的，以第一一七號公
約的意義，最為重大。因為這一個公約，可稱之為惟一的國際性社會政
策，有了這一個公約，就使世界各國的社會政策有了一定的目標，也有
了一定的標準，也使各國推行社會政策之時，也就有了一個大致相似的
共同努力方向了。我國於民國五十一年予以批准。所以，我們研究國際
社會政策時，不能不特別重視這一個國際性的社會政策，並可從而獲知
其未來發展的趨勢與主要的內容。由於這個公約的重要，特將其全文，
譯錄如下：

關於社會政策之基本目標與標準公約（第一一七號公約）
國際勞工組織大會
鑒及經濟發展應為社會進步之基礎。
鑒及務應在國際、地區或國家之基礎上，盡一切努力獲致保障人民
利益之財政與技術協助。

　　鑒及在適當之情況下應採取國際性、地區性、或國家之行動，俾建立足以鼓勵高效率生產並能維持一合理生活水準之貿易條件。

　　鑒及應依適當之國際性、地區性及國家之措施，採取一切可行步驟，以促進諸如公共衛生、住宅、營養、教育、兒童福利、婦女地位、僱傭條件、移殖工人保護、社會安全、公共服務及一般生產標準等方面之改善。

　　鑒及應有效地採取一切可行步驟，使人民樂於參加社會進步措施之擬訂與執行。

　　爰於一九六二年六月二十二日通過下列公約。本公約得稱為『一九六二年社會政策（基本目標與標準）公約』。

第一部分　一般原則

第一條　一、所有政策均應以人民之幸福與發展以及促進其對社會進步之願望為依歸。

　　　　二、凡具有一般適用性之政策，其擬訂均應顧及對人民幸福之影響。

第二部分　生活標準之改善

第二條　生活標準之改善，應視為規劃經濟發展之主要目標。

第三條　一、規劃經濟發展時，應採取一切可行措施，使此項發展與有關社會之健全發展相協調。

　　　　二、尤應循下列途徑，盡力避免破壞家庭生活及傳統之社會組成單元：

　　　（甲）對移殖動向之因果及所需適當行動之詳細研究；

　　　（乙）促進由於經濟需要所造成人口集中各地區之城鄉計劃；

　　　（丙）市區擁擠之防止；

（丁）鄉村地區生活條件之改善，以及在有適當人力之鄉村
　　　地區建立適當工業。

第 四 條　主管機關所考慮促進生產能量及改善農業生產者生活標準之
　　　　　措施，應包括：

（甲）在可能之最大限度內來消除造成嚴重負債之原因；

（乙）限制將農業用地轉讓與非農民，務使此項轉讓僅限於
　　　符合國家最大利益時發生；

（丙）施行適當法令以限制土地及資源之所有及利用，務使
　　　其利用符合該國居民之最大利益，但應尊重習慣上之
　　　權利；

（丁）對租佃及工作條件施以監督，俾使佃農及勞工之生活
　　　標準提高至可能之最高限度，並公平分享因生產力或
　　　物價提高而得之利益；

（戊）藉設立、鼓勵及協助生產及消費合作社等一切可行方
　　　法，減低生產及分配之成本。

第 五 條　一、對於獨立之生產者及工資收入者，應採取措施予彼等以
　　　　　　　機會，使能藉自身努力提高生活標準，並維持經諮商有
　　　　　　　代表性之僱主團體與工人團體後所舉辦生活狀況，官方
　　　　　　　調查所確定之最低生活標準。

　　　　　二、確定最低生活標準時應計及工人家庭生活所必需之食物
　　　　　　　及其營養價值、住宅、衣物、醫療及教育等。

　　第三部分　關於移殖工人之規定

第 六 條　凡工人被僱用之環境涉及離家外居者，其僱傭期限及條件應
　　　　　計及彼等之正常家庭需要。

第 七 條　其有以一地區之人力資源暫時用於其他地區者，應採取措

施，鼓勵將工人工資及儲蓄之一部分，由使用人力地區轉移
至供應人力地區。

第 八 條　一、其有以一國之人力資源用於不同行政管轄之其他地區
　　　　　　　者，有關國家之主管機關應視需要簽訂協定，以規定因
　　　　　　　實施本公約規定而引起之共同有關事項。

　　　　　　二、此等協定應規定工人應享受不劣於定居，使用人力地區
　　　　　　　之工人所享之保護與利益。

　　　　　　三、此等協定應規定辦法，使工人能將其部分工資及儲蓄匯
　　　　　　　往家中。

第 九 條　其有工人及其家屬由低物價地區遷往高物價地區者，應計及
　　　　　　因此種遷徙而增加之生活費。

第四部分　工人之報酬及有關問題

第 十 條　一、以由代表有關工人之工會與僱主團體所自由商訂之團體
　　　　　　　協約，釐定最低工資，應予鼓勵。

　　　　　　二、其尚無適當安排以團體協約釐定最低工資者，應作必要
　　　　　　　安排，使最低工資率得於諮商有代表性之僱主與工人（
　　　　　　　包括僱主團體與工人團體之代表）後釐訂之。

　　　　　　三、應採必要措施，務使有關之僱主及工人獲悉現行最低工
　　　　　　　資率，並使所付工資不低於最低工資率，但以適用此項
　　　　　　　工資率者為限。

　　　　　　四、凡適用最低工資率之工人，自適用之時起，如所付工資
　　　　　　　低於最低工資率者，應有權循司法或法律授權之其他途
　　　　　　　徑，追償其所受付不足之數額，但仍應受法令所規定時
　　　　　　　效之限制。

第十一條　一、工人所賺一切工資之給付應採必要措施，務使其適當，

並應要求僱主保持工資給付之帳冊及以工資給付之說明

分發工人，並採取其他適當步驟，俾便於必要之監督。

二、工資通常限以法定貨幣爲之。

三、工資通常應直接付給各工人。

四、凡以酒類或其他含酒精飲料代替全部或部分工資償付工

人所作服務者，悉應禁止。

五、工資之給付不得在酒店或商店內爲之，但對於僱用或酒

店或商店工作之工人不在此限。

六、除另有經主管官署認爲應予維持之相反地方習慣外，工

資之給付應有定期，其週期務能減少工資收入者之借貸

需要。

七、其以食物、住宅、衣物及其他必需品或服務充作部分報

酬者，主管官署應採取一切可行步驟，務使之適當，且

折價公允。

八、應採取一切可行措施：

（甲）使工人明瞭其工資權利；

（乙）預防任何未經授權之扣減工資行爲；

（丙）限制充作部分報酬之供應品及服務，得公平折價抵扣

工資之數額。

第十二條 一、主管官署應規定償還借支工資之方式及最高數額。

二、主管官署應限制工人到職時得借支之數額，此項得准許

借支之數額應向工人說明。

三、任何超過主管官署所定限額之借支， 在法律上無求償

權，並不得於事後以應付工人之款額抵押。

第十三條 一、工資收入者及獨立生產，應鼓勵其採用各種非強制性之

節約辦法。

二、應採取一切可行措施，　尤其藉旨在降低貸款利率之行動，藉對貸款者活動之控制，以及藉鼓勵經由信用合作機構或其他在主管官署控制下之機構，爲適當目的而借貸之辦法等，以保護工資收入者及獨立生產者使免受高利貸剝削。

第五部分　禁止基於種族、膚色、性別、信仰、部落或隸屬工會所作之歧視行爲。

第十四條　一、禁止在下述各方面基於種族、膚色、性別、信仰、部落或隸屬工會對工人所作之一切歧視行爲，應爲政策之目標：

(甲) 應予所有在本國合法居住或工作之人，以平等經濟待遇之勞工立法及協約；

(乙) 准許從事公私職業；

(丙) 僱用及升遷之條件；

(丁) 參加職業訓練之機會；

(戊) 工作條件；

(己) 衞生、安全與福利措施；

(庚) 紀律；

(辛) 參加團體協約之協商；

(壬) 應依凡在同一事業機構任同一價值工作者，報酬相同之原則而釐訂之工資率。

二、應採取一切可行措施，俾提高適用於工資較低工人之工資率，藉以減少現行工資率基於種族、膚色、性別、信仰、部落或隸屬工會等原因而作歧視所產生之差別。

三、對於甲國工人之在乙國就業者，除工資外，得另給現金或實物津貼，以應因離家工作而引起之個人或家庭之合理開支。

四、本條前述各項之規定，應不影響主管官署爲保護母性或爲女工之健康、安全及福利所採各種其所認爲需要或適宜之措施。

第六部分　教育與訓練

第十五條　一、爲有效培養男女青年及兒童，使能從事有益職業起見，應在地方情形許可之最大限度內作適當規定，俾逐漸發展教育、職業訓練與學徒訓練之廣泛制度。

二、國家法令應規定離校年齡、最低就業年齡及最低僱傭條件。

三、爲使兒童人口得受現有教育設施之惠，並使教育設施之擴展不致受童工需要之阻礙起見，在已有適當教育設施足以適應大多數學齡兒童需要之地區，應禁止於學校開學期間雇用離校年齡以下之兒童。

第十六條　一、爲期經由技術勞工之發展而獲致高度生產力，應於適當情形下施以新生產技術之訓練。

二、此項訓練應由主管官署組織或受其監督，並應諮商施訓國家及受訓人員所屬國家之雇主團體與工人團體。

第七部分　最後規定

（自第十七條至第二十五條，係規定各會員國批准或廢止本公約之程序，與基本目標及標準無關，故從略。附註）

我們研究以上國勞第一一七號公約，可知現代社會政策有下列七個

重要原則，必須採取：

一、現代社會政策旨在促使經濟與社會平衡發展，有高效率的生產，便使人民有高水準的生活。（見序言）

二、現代社會的工業應與農業並重，都市人口與鄉村人口，要有適當分佈，都市計劃與鄉村計劃，也要能互相配合進行。（見第二第三第四各條）

三、凡是國家所有政策，均應以人民的幸福與發展，以及促進對社會進步的願望爲依歸；尤其是一般適用性的政策，均應顧及其對人民幸福的影響，使社會政策不只是國家政策的一部，而是國家政策的全部。（見第一部分）

四、現代社會政策應包括國際性、地區性、及國家措施；其施行的步驟，應爲促進公共衞生，在住宅、營養、教育、兒童福利、婦女地位、僱傭條件、移殖工人保護、社會安全、公共服務以及改善一般生產標準。概括言之，現代社會政策大體上即是社會安全政策。（見序言）

五、在現代社會政策中，勞工政策仍應居於重要的地位，其中尤以工資問題，關係最大；而勞工的教育與訓練，亦應視爲政策中的主要規定。（見第三第四第五第六各部分）

六、種族、膚色、性別、信仰、部落等等一切歧視行爲，均應一律禁止，此爲現代社會政策中的特色，即使工人自己的幫會組織，亦爲現代社會政策所不容許。（見第十四條）

七、在最低生活標準的計算時，應確定爲工人家庭生活所必需的食物及其營養價值，住宅、衣物、醫療及教育等。（見第五條第二款）

第四節　就業政策公約

一九六四年第四十八屆國際勞工大會通過的第一二二號公約，卽『關於就業政策公約』，爲促進各國就業的積極政策，其重要規定有以下四條：

『第一條：一、爲刺激經濟成長及發展，提高生活水準，解決人力需要，並克服失業及不充分就業，各會員國應宣布並遵循一旨在促進充分的、有效的及自由選擇就業的積極政策，作爲一項主要鵠的。

二、此項政策之目標應在確保：

1. 凡可從事並尋找工作者均有工作；

2. 此項工作應力求其有生產價值；

3. 每一工人，不分種族、膚色、性別、宗教、政治主張、民族血統或社會出身，均有選擇就業之自由及最大可能之機會，使其具有適當資格並利用其技術與才能於其所適任之工作。

三、上述政策應計及經濟發展之階段及水準以及就業目標與其他經濟及社會目標間之相互關係，並應依適合本國國情及習慣之方法行之。

第二條：各會員國應依適合本國國情之方法及限度：

一、在互相配合之經濟與社會政策下，決定並檢討爲達到第一條所定目標而擬採取之措施；

二、採取爲實施此等措施所需之步驟，包括於適當時訂立方

案。

第三條：實施本公約時，關於就業政策應諮商將受所擬採取各項措施影響人士之代表，尤其僱主及工人之代表，俾能充分參考彼等之經驗與觀點，並於擬訂及爭取對此項政策之支持時獲得彼等之充分合作。

　一、關於此項機構之設立，工作及其調整，應規定與具有代表性之有關僱主團體及工人團體（其無此類團體者，與有關之僱主代表及工人代表）作充分之諮商。

　二、在符合最低工資釐訂機構本質之範圍內，應使下列人員直接參加其工作：

　　1. 有關僱主團體及工人團體之代表；其無此類團體者得代以有關僱主及工人之代表，均應立於平等地位；

　　2. 具有適當資格足堪代表國家一般利益之人士，其任命經依國家法律習慣與具有代表性之有關僱主團體及工人團體之代表作充分諮商者。

第五條　應採取適當措施（例如適當之檢查輔以其他必要措施）以保證有關最低工資之各項規定得以有效實施。』

　　嗣後，國際勞工局於一九六九年第五十三屆國際勞工大會慶祝國勞五十週年紀念時，特別提出『世界就業方案』(The World Employment Program)，供各國遵循。該方案除引言與結論外，計分四章：第一章為一九七〇至一九八〇年的展望；第二章為開發中國家的就業政策；第三章為工業國家的就業政策；第四章為世界就業方案。茲摘錄其要義如下，以供參考：

　　一、一九七〇年代的展望：『……可以從事工作的人數未必能與整個人口同一比率的增加。據估計：一九七〇至一九八〇年各開發中國家

的勞動力將增加二億二千六百萬，增加比率爲22%；工業化國家的勞動力將增加五千六百萬，增加比率爲11%。』

二、『童工問題，亦卽十五歲以下的兒童未受教育或僅受極少教育而不得不尋找工作的問題，仍極嚴重。其根本解決之道，在於提高貧苦人口的所得。ILO 勢須努力設法消滅全世界的童工以及造成童工的原因。至於如何使十九歲以下的青年工人獲得有益的生產性工作，亦爲急要之圖。』

三、『世界各地區的婦女勞動力，皆在不斷增加，全世界勞動力中仍將有三分之一左右爲婦女，如何促進女工的經濟權利與機會，仍爲一普遍性的問題。』

四、『世界各地區六十五歲以上的工人數或將略增，但其在整個勞動力中所佔比例可能稍降。如何採取適當措施以保護老年工人並預防對老年工人的歧視，仍爲 ILO 嚴重關切的問題。』

五、『世界上大多數的勞動力爲『自營作業者』；——小農、工匠、小商人等或家屬工作者，ILO 如欲成爲促進所有工人社會進步的力量，則除致力增強工會與僱主團體外，尚須注意發展包括土地租佃的制度，使農村自營作業者更充分地參加其本國的開發工作，並提高其自身的生活水準。對於『非工資收入者』的生活與工作條件，亦應多方努力求其改善。』

六、『吸收新進的勞動力外，仍須爲目前的失業者尋找工作，並爲不充分就業者增加其工作量。據估計一九七〇年，全世界的失業人數約爲七千六百萬人，至不充分就業則爲各開發中國家的普遍現象，低所得及低生產力均屬隱藏性不充分就業的顯著徵象。』

七、開發中國家的就業政策：『近年經驗顯示：各開發中國家生產性就業機會的增加率遠落在國民生產之後，而且卽使經濟迅速成長仍有

大量不充分就業及失業的現象，世界就業方案的主要目標，乃在協助各開發中國家去實現一項困難但仍屬迫切的工作，即將創造就業機會作爲發展工作的一部分。』

八、『在大多數開發中的國家，一方面經濟成長的速度遠較人口增加爲慢，以致人力過剩；他方面則又缺乏資本。撇開人口政策不談，如欲解決上述的困難，勢須對現有的勞動力作最充分的生產性利用，以加速經濟成長，並在適宜可行的範圍內，設法以勞力代替資本。』

九、『由於絕大勞動力爲農業所吸收，如欲在經濟成長與就業方面發生所期望的影響作用，似須致力於農村發展。但就長遠看，增加就業尚須著眼於使日益增加的勞動力從農業轉向現代化的工業。爲謀擴充工業的就業容量，務宜刻意減少工業化所需的平均資本密集度 (Capital intensity)，包括更充分有效地利用工業設備，提倡生產多用勞力的內外銷售品，並在合乎經濟的原則下採用多用勞力的生產技術。』

十、『職業訓練——包括預備職業訓練及管理訓練，因擴充就業方面有其重要任務；傳統行業小業主的訓練對於創造就業機會尤屬重要。管理人員以及中上級人員的訓練對於提高生產力和創設新的工作職位均有幫助。……各開發中國家失業的不在學青年爲數日增，應施以預備職業訓練。……青年的就業與訓練方案，如能與經濟發展計劃相密切配合，足可減少許多困難。』

十一、工業化國家的就業政策：『世界就業方案，雖着重於尚在開發中的國家，但各已工業化的國家亦須參加。緣以：第一、已工業化的國家自身亦有就業與人力方面的困難；第二、各開發中國家就業目標的達成，有賴於國際間的共同努力，而已工業化國家的繁榮與充分就業，乃擴展其與各開發中國家間貿易的最佳保證。』

十二、世界就業方案：『按充分就業乃國際勞工組織憲章所定國勞

目標之一，費城宣言亦規定以此爲鵠的的國際方案乃 ILO 之神聖任務，一九六四年國勞大會又經制定關於就業政策之公約及建議書。……目前吾人惟有經由提供有報酬的生產性工作，方能爲達成社會正義及改善所有勞工的生活與工作條件作最直接而積極的貢獻。』

十三、『全球性的發展策略雖屬重要，但關於發展及就業的政策，仍賴由各個國家付諸實施。國際勞工標準中，與世界就業方案特別有關的是一九六四年所訂的就業政策公約及建議書，該建議書的附件，曾對如何應付各開發中國家及已工業化國家之就業問題的實際辦法提供指引。該建議書並提供了一項參考標準，據以衡量各會員國在就業方面的進展，指出其障礙所在及其所以未獲進展的原因。世界就業方案有助於進一步改進就業政策的技術標準，同時有促進實施就業政策公約及建議書的積極作用。……世界就業方案，係基於國勞各區域機構所主動提出的計劃而來，但就業目標的設定乃各國就業政策的核心。……世界就業方案的重心在各國的行動。各會員國可期望於國勞的主要直接貢獻，乃關於擬訂及實施本國就業方案的技術合作，提供此項合作將爲各區域專家小組的主要初步工作。』

十四、『世界就業方案最重要的內涵，爲對就業問題的政治決心，各國就業方案的有效組織，以及適當的國際支持。但調查與研究則爲成敗的關鍵所在。……世界就業方案有一項行動目標，即促使各工業化國家從開發中國家輸入更多的產品，尤其是多用勞力的產品，俾可一面提高各開發中國家的就業水準，而同時又不致造成已工業化國家的失業現象。』

十五、結論：『各國政府對實施就業方案的決心和努力，乃是世界就業方案成功的基本要素，在完成世界就業方案的過程中，國際勞工組織只是對各國的工作予以鼓勵，對其政府予以協助而已。……對於實施

世界就業方案，僱主團體和工人團體也負有重要的任務，勞資雙方都應致力創造較高的就業水準，以獲取更多的利益。……由於就業量的擴大和所得的增加，企業家對其產品將有較大的市場；但是他們也需要給與支持，使他們能雇用更多的工人。由於有較多的就業機會可以利用，工會對其會員也能保證有較大的就業安全和較高的生活水準。……』

以上是世界就業方案的摘要說明，國際勞工組織在提出世界就業方案之前五年間，也曾先後召開了三次區域性勞工會議，分別擬訂了三個區域——美洲、亞洲、非洲的就業計畫，總計有五十九條的要求，可歸併爲兩項結論，卽：（一）各開發中國家應致力於發展農村、墾殖荒地、探取勞力集中的農業生產方法，提倡農村造產、住宅建築、推廣農村教育與訓練、改良衛生環境、鼓勵小型工業及手工藝與合作事業之建立發展，多設立勞力集中之工業生產單位，使財政與貿易政策儘量配合社會政策；（二）國勞局，其他國際機構與高度開發國家，應儘量協助開發中國家，使世界就業方案早日付諸實施。

第三章　各國社會政策

第一節　社會政策在各國的重要性

我們在前面曾一再說過社會政策爲國家政策，它是國家爲了解決社會問題所採行的政策，所以在一國中是重要的國策之一。它在世界各國中更是日見其重要，爲什麼呢？這是因爲現代的社會問題愈來愈多，有的愈來愈嚴重，倘無社會政策，則社會問題將得不到適當的或合理的解決，個人與團體的安全和福利，也將得不到合法的保障，社會國家亦必將會蒙受其害。同時，社會政策是現代國家政治措施中最重要的一部分政策，它必須採取立法途徑及透過行政機關的執行，才能實現，其實施對象，應爲社會的全體，而其終極目標，在使經濟建設與社會建設得以平衡發展，故現代各國莫不注重於社會政策及其立法的制定與實施，並

且更以社會政策的良否作爲文明進步程度的衡量標準，凡是文明愈進步的國家，社會政策愈稱完備，而開發中的國家和未開發的國家，由於人民生活更感困難，社會政策的需要，自屬更爲迫切，由此益見社會政策在現代各國中的重要性。

　　社會政策並非只是一個政策，而是一概括的名稱，在實際上，各國的社會政策，由於各國社會問題因時因地因人而有所不同，因而根據所有問題而訂定的社會政策，包括很多，其主要者，如有種族政策、人口政策、勞工保護政策、農民保護政策、兒童福利政策、老人福利政策、殘障福利政策、婦女地位政策、社會安全政策、社會保險政策、社會救助政策、社會福利政策、就業安全政策、國民住宅政策、社區發展政策等等，實在不能在此備述；同時，世界現有國家也很多，也不能把所有國家的社會政策都在此加以細敍。因此，現在我們祇有選擇現代各國中較具代表性的英、美、日三國的社會政策，分別作扼要的說明。

第二節　英國社會政策

一、早期的救貧政策

　　在歐美各國中，英國可以算得是一個老大的帝國，其立國歷史極早，在五世紀以後，已建立英格蘭王國。至一〇六六年，被居於法國的諾曼第 Normandy 人登陸征服，由威廉王 William the Conqueror 自封爲英王，從此建立一強而有力的政權，把全部土地與居民，分配給作戰有功的將士，並分別封他們爲爵士或武士，又稱爲領主，於是英國一開始就成爲純粹的封建制度 Feudal system 社會。其時所有農奴及

其家屬均由其領主負責保護，所需衣食亦均由其領主供應，年老或患病，亦均由其領主照顧。所以，在建國多年以來，根本談不上什麼社會政策，實際上也無此必要。

直到後來由於基督新教Protestentism集團導致民族國家興起及封建制度的崩潰，才使農奴們從地主束縛下獲得解放和自由，但他們也就失去了固有的一切安全。他們在老年、患病、無能力時，祇好都淪為乞丐。一遇災難，便苦於應付，而一三一五年至一三二一年的大飢荒，和一三四七年的鼠疫（又稱黑死病 Black death）等災難，死亡甚眾，尤以自勒凡地 Levante 隨著船上染患瘟疫的老鼠，傳入英國後，兩年之內，鼠疫大流行，使英國全人口幾乎三分之二死於鼠疫，結果各地農莊內發生嚴重的勞工荒，工資亦因人手缺少而提高。英王及貴族們不得不從速設法來解決這些嚴重的社會問題，於是開始採行救濟貧民政策，逐漸有一些傳統的慈善性救貧措施。不過，最初在愛德華第三 Edward Ⅲ時，對流民及乞丐卻有種種殘酷刑罰的規定，例如幽禁於牛欄之內，受盡鞭打，烙印，切耳挖鼻，弄成殘廢，或罰解至船艙內做苦工，以及吊刑等。至亨利第八 Henry Ⅷ 時，最初對流民及乞丐規定仍有嚴厲的酷刑，旋即引起羣眾的反抗，各地貧民結隊遊行示威，社會秩序大亂，所有刑罰命令，失其效用。亨利第八迫於情勢惡化，乃於一五三一年起改變其原有態度，頒布許多救貧有關的立法，遂使英國政府開始採取如何積極救濟貧民的政策。在中古世紀中，最著名的救貧立法，即為一六〇一年伊莉沙白女王Queen Elizabeth所頒的救貧法Poor Law，亦被稱為「伊莉沙白四十三年制定法」，乃將以前各種救貧法令加以整理統一的法典。嗣後曾將該法修改達二十餘次之多，歷經三百餘年，亦為後世各國所取法。惟對於實施院內與院外救濟問題，曾在政策上，一再反復爭議，最後始以二者並行不悖作為定論。

二、工業革命後的勞工政策

工業革命肇始於十八世紀中葉的英國，由英國一些聰明才智之士，利用當時的環境，致力於生產工具及生產動力的改進。例如一七三三年，首先有英人凱伊 John Kay 發明了「飛梭」，使織布的速度加快，布幅亦擴大；接著一七六四年蘇格蘭技師瓦特 James Watt 著手改良蒸汽機器，發明了第一部蒸汽機用於工廠，後又屢加改進，於一七八五年用於拖動火車，一七九〇年應用於帶動紡織機，終於爲紡織工廠普遍採用；同時，英人哈格里夫 Jam Hargreaves 於一七六五年發明紡紗機，使一人同紡八線，後又增至十六線至八十線；一七六九年英人阿克萊特 Sir Richard Arkwright 亦發明水力紡織機，可以利用水力來代替人工；一七七九年英人克倫普頓 Samuel Crompton 發明騾紡機；一七八五年英人卡來特 Edmund Carwight 發明水力織機，操作輕巧，以一人照顧機器，可相當手工織布二百人的工作，一時產量大增，頓使棉花供應大成問題；一七九二年引進美人惠特尼 Eliwhitney 發明的軋棉機，可迅速除去棉子，每人每日可軋棉一千磅，較之以往用手工軋棉，每人每日僅得五、六磅的情形大爲進步。因此，工業生產機械化後，生產力一日千里，直接導致工商業、農業、及交通運輸等的快速發展，亦間接影響了整個國家社會的生產制度，而對於文化、經濟、思想等均有重大的轉變，並提高了人類生活的水準，促進了現代的文明，使世界邁進了一個嶄新的時代，遂被後人稱之爲工業革命 The Industrial Revolution。

自從上述的工業革命，先在十八世紀中葉的英國發生，於十九世紀後逐漸由英國擴及其他所有國家，其中以德、法兩國是最早受到英國影響而發生工業革命，因爲它們當時與英國在國際貿易競爭最烈者，所以

較快跟進，大約是在一八三〇年代。美國與瑞士大約在一八五〇年代。日本與我國則在清朝末年，　大約是一八七〇年代。　至第一次世界大戰後，南美洲各國也都跟上。直至第二次世界大戰後，全世界的國家都已產生了工業革命，於是使各國工業改為機器生產，帶來工業的發展，但也逐漸形成普遍嚴重的勞工問題。

　　例如英國在工業革命後，由於工業生產機械化，得到了節省人力，提高生產等的大利，但同時也見到了排斥勞工，造成失業等的大害，可謂利害互見。當時英國的社會政策，便在擴大其利及減輕其害。有鑒於各地勞工問題日趨嚴重，英國政府即以解決勞工問題為施政的重點，勞工政策形成為社會政策的基礎。　因此，　英國於十九世紀前後的社會政策，均係環繞於勞工問題為中心，遂頒行了不少的勞工立法，藉以有效的解決各種勞工問題，頗收成效。

三、廿世紀後的社會福利政策

　　在十九世紀末到廿世紀初之間，　英國有許多社會改革家，　不斷以社會實況調查的結果來揭露社會問題的嚴重性，　諸如梅葉 Henry Mayhew、查理蒲士 Charles Booth、及郎曲里 B. Seebohm Rowntree 等人，對於啓發社會對社會問題的共同認知，並對社會應有責任為社會大眾提供積極且建設性的福利服務等，均有卓越的貢獻。適逢當時亨利奧文 Henry Owen 領導費邊社 The Fabain Society 積極鼓吹社會改造運動，　以及一九〇五年大選中，　自由黨擊敗保守黨組閣主政，提出了改革社會福利服務的新政策，並即採取了一連串的社會福利新措施，以緩和各種社會問題的嚴重性，這就促使英國的社會政策從此完全趨向於增進社會大眾福利的社會福利政策。

　　第二次世界大戰期間，「福利國家」The Welfare State 的觀

念，首先出現於英國，乃在一九四一年由英國坎得柏利大主敎 Arch-bishop of Canterlbury 威廉鄧普 William Temple 所著「公民與敎徒」Citizen and Churchman 一書中提出此一新名詞，他首創以福利的觀念來取代過去的權力國家 Power State，認爲現代國家均應以增進國民福利爲其應盡的責任。此一新說法不但漸次爲世人所樂於引用，而且也促使英國成爲舉世實現福利國家理想的第一個社會福利國家。

　　正是二次大戰進行方酣之際，英國各地遭受大轟炸的時候，政府一面堅強禦敵，一面力求安定內部，特別對於整個社會福利服務措施，從事澈底調整與規畫，以求安定戰後國民的生活。就在一九四一年六月，邱吉爾首相領導下的戰時聯合政府經國會同意，由勞工部長會同有關部會首長，組成一個各部會間的社會保險及有關服務聯合委員會 Inter-departmental Committee on Social Insurance and Allied Services，延請著名的牛津大學院長貝佛里奇爵士 Lord W. Beveridge 爲主席，主持調查英國社會服務工作的組織及效果，並以調查結果爲依據，從事檢討與改革。一九四二年十一月廿日提出「社會保險及有關服務報告書」The Report on Social Insurance and Allied Service，簡稱「貝佛里奇報告書」The Beveridge Report。在此項文件中，貝氏強調英國社會福利服務亟需革命性的改革，提出一個完整的社會安全制度的原則和內容。在結論中，指出國民貧窮的根本原因有五：一爲生活需要的匱乏、二爲疾病、三爲無知、四爲髒亂、五爲懶惰。社會保險僅僅是克服人類五害——貧、愚、髒、懶、病的廣泛社會政策之一而已，而社會安全制度將綜合政府與個人的救貧功能，但不抑止個人的努力。該報告書，爲英國社會安全制度描繪出初步的模型，引起英國上下爭取福利國家的狂熱，自然迅即爲政府所接受，同時，經國會詳細討論兩年，制定兩種白皮書，於一九四四年九月公布。後來第二次世界大戰結束，

由工黨內閣再向國會提出，乃於一九五〇年前陸續公布全民共享的各種社會福利服務法案，並予紛紛付諸實施。因之，英國社會福利政策，包括的範圍至為廣泛，舉凡從出生到死亡的人生過程中，社會每一個國民均列為服務的對象，以保障社會每一個人的基本生活水準，現已採取了下列各種福利措施：

（一）**社會安全制度**：包括國民保險、工業傷害保險、國民救助（已改稱補充給付）、家庭補助、家庭所得補貼等措施。

（二）**國民健康服務**：即免費醫療措施。

（三）**國民教育制度**：教育制度在大多數國家並不列入社會福利服務範疇之內。但在英國，教育措施與福利服務有著極為密切的關聯。所以晚近研究社會福利政策學者紛紛將教育列入考慮範圍。教育服務的內涵，非僅是學校設備和師資陣容而已，它還包括其他服務措施：如免費午餐、書籍文具、以及交通、健康等服務。

（四）**房屋政策**：大體而言，包括住宅興建計畫、破損住宅的改建，以及籌建國民住宅，以解決低收入家庭的居住問題。同時，它也注意到國民住宅居民資格的調查與房租補助款額的高低，使能澈底解決房荒問題；並且檢定住宅需求模式，採用新式建屋技術，以最經濟、最有效的方式來興建住宅，以解決未來的住宅需求。

如上所述，英國現行的社會政策涵蓋的範圍，簡言之，包括四項政策，即社會安全政策 Social Security Policy、健康服務政策 Health Services Policy、住宅政策 Housing Policy、教育政策 Educational Policy。事實上，又包括就業政策 Employment Policy 在內，成為五項。這五項社會政策的行政主管部門，除了社會安全和健康服務合併為健康及社會安全部 Department of Health and Social Security 外，其他三項則分別隸屬於三個不同行政主管部門，即教育

附圖: 英國社會政策行政體系圖

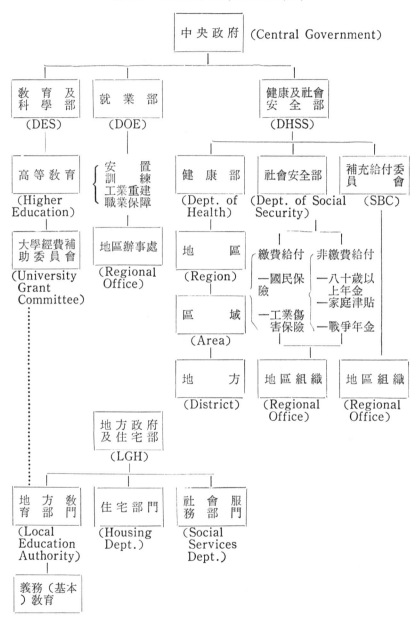

資料來源: R. G. S. Brown, "The Management of Welfare", London: Collin/Fontana, 1975.

爲教育及科學部 Department of Education and Science，住宅爲地方政府及住宅部Department of Housing and Local Government，以及就業爲就業部 Department of Employment，請見上面附圖，可一目了然。

第三節 美國社會政策

一、各州早期的社會政策

美國在一七七六年尚未獨立之前，全歐人士都被這個新大陸所吸引，乃紛紛冒險渡洋前來，有個人單獨來的，也有成羣結隊而來的，但其中大多數的移民，是來自英國的，自然地成爲英國的殖民地。他們把英國的風俗、法律和制度等等，一切都傳到新大陸來。因此，早期的美國社會制度，大多取法於英國，而美國各州的社會政策，也與英國一樣，早期也祇限於救貧政策方面的措施，救濟移民中不少貧民以及失依兒童等。要之，美國在殖民地時代，大多實行英國式的救貧社會政策。惟荷蘭移民在紐約州，於一六六三年改變英國的救貧政策的作法，法國移民在一七八五年獨立戰爭後，羣集於路易士安那州也改爲按照法國的傳統作法。

勞工政策的推行較晚，第一件勞工立法是一八一三年康乃狄格州通過僱主應使其所僱兒童接受教育，至一八三六年，馬薩諸塞州通過童工法，一八四二年又通過童工時間法等，其他各州也陸續通過同樣的勞工立法。

自一八六三年南北戰爭結束，林肯總統解放黑奴，並形成工業社會後，美國各州開始住宅政策，特別注意貧民住宅的改善。

從一九一八年至一九三三年，各州勞工立法中，較有成績者，仍限於童工及女工的保護之外，還推行直接養老金制 Stranght Pension System，強制性的老年及廢癃保險、最低工資、及勞工行政等。

由於美國是一聯邦國家，先有各州，後有聯邦。因之，州有州政府及州議會，聯邦則有聯邦政府及國會，均各制定政策及立法，並各由行政主管負責執行。故在社會政策方面，均先有各州的，後有聯邦的，在二十世紀以前，只有各州的社會政策，聯邦的社會政策，係在二十世紀以後，才逐漸的開始。以上所述者，均為美國早期各州社會政策的大概情形。

二、聯邦政府的社會政策

到二十世紀之初，美國因有三項重大的事件發生，才促使美國的社會政策傾向於聯邦政府全國性的統一政策，以代替各州散漫的社會政策。茲分述如次：第一件大事是專為全國兒童福利政策所召開的白宮兒童會議 White House Conference on children，第一屆會開始於一九〇九年，由第廿六任總統老羅斯福 Theodore Roosevelt 接受紐約一位孤兒出身的青年律師 James E. West 的建議，邀請全國各地辦理兒童救濟福利事業的負責人參加，該次會中決定聯邦政府應設兒童福利機構，各州應制定母親年金法，使棄婦、寡婦得以繼續撫養其子女，又主張貧困兒童應因特殊原因送孤兒院或其他收容機構外，應安置在寄養家庭，另成立一個全國性兒童福利組織，後於一九一二年果然成立兒童局 Children's Bureau，一九二〇年又成立了美國兒童聯盟 Child Welfare League of America。後來每隔十年由美國總統召開一次，其準備工作，由兒童局負責，每次均有一個特定的名稱，至今未間斷。

如第二屆於一九一九年舉行，由威爾遜總統召集，稱爲「兒童局商討兒童福利標準會議」。第三屆於一九三〇年舉行，由胡佛總統召集，稱爲「兒童健康及保護的白宮會議」。第四屆於一九四〇年舉行，由羅斯福總統召集，稱爲「民主國家兒童的白宮會議」。第五屆於一九五〇年舉行，由杜魯門總統召集，稱爲「本世紀中白宮兒童及青年會議」。第六屆於一九六〇年舉行，由艾森豪總統召集，稱爲「兒童及青年白宮會議」。第七屆於一九七〇年舉行，由尼克森召集，稱爲「兒童發展法案會議」。每一屆均對兒童福利有關的重要政策性決定，頗能促進全國兒童福利事業的發展。第二件大事是由於一九二九年十月，紐約股票交換所發生破產而引起一連串的經濟不景氣(The Great Depression)，造成美國經濟大恐慌，失業人數自一九二九年的二百八十萬人，逐漸增到四百六十萬、五百萬、七百萬，到一九三一年春季，達到了九百萬，平均每四個工人中有一個人失業。當時的胡佛總統 Herbert Hoover 實在已窮於應付，因他堅持一個信條，認爲公私立救濟機構應爲失業人解決問題。當時公私立救濟機構雖想盡辦法，亦無濟於事，於是必須聯邦政府採取行動的呼籲，甚囂塵上，最後胡佛總統雖於一九三二年七月簽署一項『緊急救濟與建設法案』，貸款三萬萬美元交與各地州縣市辦理工賑，但各州配合不好，未臻理想。這時候美國第卅二任總統佛蘭克羅斯福 Franklin Roosevelt 於一九三三年當選總統，若干州接受救濟的人，約佔全人口百分之四十,若干縣接受救濟者竟佔全人口百分之九十，一般人希望新總統能設法挽救危局。羅斯福於是年三月四日就職後，立即開始逐步建立聯邦救助的各項設施,也卽是所謂『新政』New Deal.第一個克服經濟不景氣與失業問題的主要政策措施，卽爲一九三三年五月十二日所頒聯邦緊急救濟法案，成立聯邦緊急救濟總署 Federel Emergency Relief Administration，簡稱 FERA，首次撥款五萬

萬元，到一九三六年該署結束爲止，三年間總共撥出救濟費達三十萬萬元。該署分五大部門：（一）聯邦工賑組，（二）對州關係組，（三）特殊方案組，（四）研究統計財務組，（五）農村重建組。該署主要目標，在替失業人製造工作機會，因而又有工程設計總署，失業青年工作計畫，農村重建等設施，收效甚大。第三件大事是一九三四年六月廿九日，羅斯福總統任命一個經濟安全委員會，由勞工部長白金思 F. Perkeins 任主席，網羅有關項目的專家學者，共同研究如何確保國民經濟安全的政策問題，到一九三五年一月十五日，該會作成經濟安全法案呈報總統，於同年一月十七日轉送國會，經過反覆修正，卒於一九三五年八月十四日改稱社會安全法案 Social Security Act 後頒布，這是美國聯邦實現全國性的社會安全的政策，由此建立了美國劃時代的社會安全制度。

除上述三大事件外，自二十世紀之初至今，美國的社會政策幾乎都是從歷屆總統對當時重要社會問題所持的政策及其作法中具體表現。茲簡述如次：

（一）二十世紀之初的老羅斯福總統 Theodore Roosevelt，提出公平待遇政策 Square Deal，主張公正的分配施捨貧民；並開創白宮兒童會議，制訂兒童福利政策；又仿照英德社會保險政策，試辦老人養老年金制度。

（二）第一次世界大戰前後的威爾遜總統 Woodrow Wilson，提出新自由 New Freedom 的社會政策，推翻資本主義放任自由的原則，趨向於公共福利。

（三）一九二九年至一九三一年世界經濟不景氣時的胡佛總統 Herbert Hoover，堅持州緊急救濟政策，以社會志願捐款支應。

（四）一九三三年以後的羅斯福總統，推行新政New Deal政策，

施展其大有爲的作法，一方面擴大國家建設，解決就業及失業的政策，另一方面制訂經濟安全法案，改爲社會安全法案，實現社會安全政策，創建了劃時代的社會安全制度。

（五）第二次世界大戰後的杜魯門總統 Harry S. Trumen，繼羅斯福總統政策，提出公政 Fair Deal 政策，尋求戰後世界新秩序的重建，推行馬歇爾計畫 Marshall Plan，援助歐洲十六國復興；並於一九四五年召集全國勞資會議，改善勞資關係；又於一九五〇年召開白宮老人福利會議，增進老人福利。

（六）一九五五年的艾森豪總統 Dwight D. Eisenhower，提出新展望 New Look 政策，實施和平糧食計畫，自一九五四年起，共二十年，運供世界一一四國人民食用，承擔世界糧食的社會政策的偉大表現。

（七）一九六一年的甘廼廸總統 J. F. Kennedy，提出新境界 New Frontier 政策，組織和平工作團，派大學畢業青年赴開發中國家義務的技術援助；並在國內制訂老人法案，設立老人事務局，爲解決老人問題；又促使美國人注意失業問題，提出解決勞工失業問題的方案。

（八）一九六二年的詹森總統 Johnson，提出大社會 Great Society 政策，制訂經濟機會法案 Economic Opportunity Act，推行積極性貧窮救助方案。

（九）一九六九年的尼克森總統 Richard M. Nixon，提出新探求 New Research 政策，並向國會提出福利改革法案，對所有社會福利制度，加以通盤的改進。

（十）一九七四年的福特總統 Ford，面臨石油能源危機，提出稱爲艱鉅計畫政策，一方面大力減免所得稅，一方面大量支出救濟失業，創造公共工程工作機會。

（十一）一九七六年的卡特總統 Jimmy Carter，提出人權 Human Right 政策，強調教育、經濟機會均等，保障少數民族、婦女、老幼、傷殘者的權益，加強社會安全制度，創造就業機會，以降低失業率。

（十二）一九八〇年的雷根總統 Ronald Reagan，致力裁員減政，以繁榮經濟方式來創造就業機會，並使社會福利支出合理化，於一九八二年初宣布以四百七十多億元的社會福利預算交由各州承辦，被稱爲新聯邦主義 New Federalism 政策。由於執行以後，效果顯著，又繼續當選連任總統。

第四節　日本社會政策

一、戰前的社會政策

說到日本的社會政策，應依第二次世界大戰結束爲劃分界限，可分爲戰前的社會政策及戰後的社會政策言之。現在先述戰前的社會政策，又可分爲明治時代、大正時代，及昭和初年至二次大戰結束三個時期，略述如次：

（一）明治時代

日本在一八六〇年代，發生排外運動，時常與他國發生衝突，因而被迫開商埠或賠款，深感當時幕府制度實不足以應付國家危局，乃紛紛倡議「尊王討幕，歸政天皇」。於是在一八六八年歸政明治天皇，並派伊藤博文等人遠赴歐美考察，取法西洋，主張維新，實行改革，此卽歷史上所稱的明治維新。新成立的維新政府爲了追趕先進國家，極力展開

殖產興業，以強兵政策為主，大力從事設工廠，開礦山、建交通等事業。至一八九四年至一八九五年間，日本全國已進入工業革命時期，導致近代勞工運動的勃興，各種工會組織相繼成立。但勞工因生活貧困而屢有罷工事件發生，政府為抑制勞工罷工事件，防止勞資爭議，提高企業意識，乃在勞資之間制定共濟措施，藉以解決勞工問題。一九一一年首先制定工廠法，於一九一六年實施，為日本社會政策跨出了第一步，才使此時勞工真正獲得法律的保障。

(二) 大正時代

在大正時代，日本的工會運動，以友愛會為中心，居於勞資協調的立場，為一種共濟親睦團體，爭取工資提高，保護勞工生活為目標。惟當時的刑法、治安警察法、及治安維持法等均認為工會為一非法的組織，政府巧妙地運用「鞭和飴」的對策，使工會運動的發展不易。一九一九年第一次國勞大會後，日本勞工代表乃向國際勞工局申訴該國不充分承認勞工的權利，終因國際勞工局的影響下，促使日本勞工保護法規得以制定較多，對勞工保障問題獲致相當的改善，總算使當時經濟不景氣中，帶來了企業界有利的轉機。

(三) 昭和初年至二次大戰結束

昭和初年，日本正逢國內金融恐慌的餘波，又深受一九二九年世界經濟大恐慌的衝擊，日本中小企業逐漸沒落，迫使政府實施產業合理化政策，勞動條件的惡化，更引起勞工激烈反抗，使失業人數增多，失業救濟計畫就成當務之急。

一九三七年中日戰爭爆發，一切進入戰時狀態，乃採行戰時生產力政策，完全受到軍方管制，除勉強維持社會保險外，此時已無社會政策可言。但在二次大戰末期，若干社會保險制度亦失其原有功能，而瀕於有名無實狀態而已。

二、戰後的社會政策

二次大戰以後日本的社會政策，頗多新的發展。自一九四五年大戰結束，直至現在，歷時已三十餘年，可劃分爲兩段時期而言，卽戰後十年的社會政策及近二十餘年的社會政策。

(一) 戰後十年的社會政策

日本在世界第二次大戰後，於一九四五年（昭和廿年）無條件投降，成爲戰敗國，盟軍進佔日本。由於經過八年的長期戰爭，已使人民生活窮困，經濟生產停頓，國力疲憊，社會混亂，當時形成極端嚴重問題，一切必須重新做起。幸得盟軍總部統帥麥克阿瑟有力的援助，供給各種美援救濟物資，並支援工廠復工，容納失業者，此時日本政府在盟軍統帥監督指揮之下，把握復興經濟生產與重建社會安全兩大政策，首先盟軍總部與聯合國駐日人員協助，從事各種民主化措施，修訂日本憲法，終於一九四六年十一月經帝國會議通過新憲法，十一月三日由天皇裁可公布，其第二十五條:『凡國民均有獲得健全與符合文化水準，最低限度生活的權利，國家應於國民生活的各方面努力從事社會福利、社會安全與公共衞生的增進發展』的規定，實爲日本戰後改革與創制其有關人民福利的各種社會立法的基本依據，亦卽兼具社會政策的意義。盟軍佔領期間，盟總有關社會福利人員及美國社會福利專家對於日本社會福利行政，曾先後舉辦多次調查與研究，並曾建議若干改革方案，是以今日日本的各種社會福利制度乃係模仿英美兩國型式的社會安全制度，並依據其新憲法的精神及其戰後國家經濟社會狀況，重建而成。盟總於一九四六年二月曾向日本當局建議改革公共扶助四原則。美國一九四七年組織一個特別調查團，叫作日本社會安全措施調查團駐日考察，到次年提出調查報告書並附改革建議，主要的建議，是必須建立整套的社

會安全制度。一九四九年九月盟總復提出有關社會福利行政改革意見六項。同年，日本政府即仿照英國先例，聘請其國內社會福利專家學者、國會議員、勞資及農民代表與卸任有關機關首長等共四十八人為委員，組織「社會安全制度審議會」，由大內兵衞教授主持，從事有關日本社會安全制度的研究與建議。內部分社會保險、公共扶助、社會福利、醫療衞生四個小組委員會。當年由該會先擬定『社會安全制度綱要』，其內容即包括以上四項，作為審議基礎。至一九五○年（昭和廿五年）日本政府遵照聯軍最高司令部的建議，以及審議會的建議，將其過去個別發展的社會福利救濟措施，加以擴充整理，終於建立成為有系統的社會安全制度。

　　在戰後佔領軍在日本期間，依據一九四五年的佔領政策，為建設日本成為一個民主的國家，同時孕育美國式的自由民主化的勞工運動思想，使日本走上自由經濟的工會主義。因此，戰後十年間，日本的勞工政策頗有相當的進展。佔領軍首先對昔日的治安警察法及治安維持法等妨碍工會組織的法令，均予以廢除，並命令日本政府儘速組織工會。一九四六年制定勞動關係調整法，以處理勞資間的爭議事件，一九四七年公布勞動基準法，一九四九年大幅度修正勞動組合法（即工會法），這三大勞工立法，在日本社會政策歷史上均具有劃時代的意義。至社會福利政策方面，以兒童福利法、兒童憲章、身體障害者福利法、及社會福利事業法等為主，均內容完善，一直沿用至今。要之，戰後十年間，日本因為把握住經濟復興與社會重建兩大政策，做得切實有效，不但很快就恢復了戰前水準，且已超越很多，蔚為亞洲第一個現代化的國家，絕非是偶然的。

（二）近二十餘年的社會政策

　　自一九五六年以後，日本步入新資本主義的階段，稱為高度經濟成

長時代。爲因應環境與情勢的需要，在社會安全政策、社會福利政策、及勞工政策等，均有許多創新的措施。如在社會安全政策方面，繼續加強社會保險措施，於一九五八年全面修改國民健康保險法、一九六一年三月底實施全民健康保險、一九五九年制定國民年金法、地方公務員共濟組合法等。至於日本未來社會安全政策發展的基本方向，其主要重點有三：1.給付的效率化與重點化，卽有效運用社會資源，發揮最大的經濟效果；2.建立各制度間的有效聯繫與統合，增進國民生活的安定。3.確保社會的公正，力求世代間負擔的公平，以及負擔能力與給付二者間的密切配合，俾在安定中求發展，使全體國民均能獲得持續性合理生活的保障。

在社會福利政策方面，近二十餘年，有關社會福利立法增加頗多，如一九六〇年的精神薄弱者福利法、一九六三年的老人福利法、一九六四年的母子福利法、一九六五年的母子保健法等；還有兒童福利立法，如一九六四年的重度精神薄弱兒童扶養津貼法，惟至一九六六年修改爲特殊兒童扶養津貼法、一九七一年的兒童津貼法等，建立了完備的兒童福利保障措施。

在勞工政策方面，在此時期亦深受重視，認爲勞動階級對經濟成長的達成極有貢獻。因此，勞動基準法特別有效的執行，使所有勞工獲得其應享的各種權益。一九六八年重行修正最低工資法，由最低工資審議會採取調查審議的方式決定合理工資。至一九六五年，日本工會正式獲得政府批准依照國際勞工組織第八十號公約規定，有關結社的自由及團結權的保護，使企業主對於勞工工會的組織和活動態度，都有很大的轉變。

戰後日本建立社會安全制度，就全世界言，爲時較遲。但在亞洲國家中，卻爲最早，且已奠下優良的基礎，不斷的求取進步，可爲亞洲各

國效法。目前日本的中央主管社會安全最高機關爲厚生省，由厚生大臣掌理，有次官二人，下設大臣官房、社會、保險、兒童家庭、公共衞生、環境衞生、國立公園、醫務、藥務、年金、及援護等十局和社會保險廳等附屬機構二十餘所，其主要任務，爲保護國民生活、救助災害、增進兒童及婦女福利，實施社會保險、促進國民保健、國家公園、管理藥物、取締痲醉藥品等。社會局主管國民生活救助、身體殘障、職業重建、緊急救助、社會工作人員訓練以及監督考核研究改進社會安全事業等事宜。兒童家庭局主管失依兒童養護，姙婦及幼兒健康指導，少年不良行爲的防止，兒童生活環境的改善，監督指導保育所，相談所，兒童敎養機關，福利機關及各級政府兒童福利行政事宜。保險局主管健康保險，國民健康保險、日雇勞動者健康保險、船員保險及共濟組合等業務。年金局主管厚生年金、國民年金、資金及精算事宜。公共衞生局主管國民身心保健，國民營養，促進國民衞生敎育，預防傳染病以及監督指導全國保健所及衞生保健事宜。環境衞生局主管環境衞生水道、食品衞生及乳肉衞生等指導事宜。國立公園局主管國家公園的規劃管理及其他休閒設施等事宜。醫務局主管監督指導考核登記醫師及醫事人員，並監督指導全國各種醫院。藥物局主管監督指導研究改進全國藥品製造經銷，醫療器械，衞生用品，取締僞藥及不良藥品等事宜。至社會保險廳爲執行社會保險業務的專設機構。其他有關社會安全的勞動省，主管全國勞工行政，由勞動大臣掌理，有次官二人，下設大臣官房、勞政、勞動基準、婦人少年、職業安定、職業訓練等五局和中央勞動委員會等附屬機構六所。勞政局主管勞動組合、勞工福利及勞動法規等事宜。勞動基準局主管工資、工時、工廠安全衞生及勞災、補償等事宜。婦人少年局主管女工、童工保護等事宜。職業安定局主管就業服務、失業保險及失業對策等事宜。職業訓練局主管職業訓練、技能檢定、技能競賽等事宜。

　　此外，國家公務員共濟組合保險，由大藏省主管。學童午餐，學校衞生，職業敎育，補習敎育等，由文敎省主管。少年感化院，少年裁判所，少年及兒童行爲預防，由法務省主管。農業災害保險，供應學校午餐，農產品改良，農民經濟及農家生活，由農林省主管。所以日本在中央主管社會安全行政的機關，除厚生省爲主外，尙有勞動省、大藏省、文敎省、法務省、農林省等。因爲社會安全制度範圍擴大，其主管機關亦日漸增加。地方政府社會安全及社會福利行政機關的組織，亦多不相同。但普通均在民生部（局）之下分設社會福利、厚生、兒童及保險等科，亦有另設社會及兒童或社會與婦女兒童等科，分別掌管社會福利的事業。

第四章　我國社會政策

第一節　我國社會政策的史略

　　自十九世紀以來，民主立憲政治盛行，各國政黨政治肇興。蓋政黨者，卽國民各以政見、主義相結合，以求實現其一定政見或主義的團體。這種政見或主義，由政黨針對解決現實問題的主張，制成具體的政綱政策。中國國民黨爲一革命民主政黨，採取革命方法，以求達到革命的目的，實現其三民主義的理想主張，但中國國民黨乃導源於興中會、同盟會、國民黨、中華革命黨等，逐步改組而成，在組織上雖迭有變遷，卻始終能以一貫的主義與政綱政策，領導國民革命，建立民國，內除軍閥，外抗侵略，並建設三民主義的新中國，正繼續努力以赴，實在對於近代我國政治有其偉大的貢獻，並與國家前途有其至爲密切的關

係。同時，就過去和今後的情勢來說，中國國民黨當然是我國的執政政黨，執政黨有關的政綱政策自然也就成爲我們研究一個國家政策的主要基礎。所以，我們要研究我國的社會政策，自應研討執政黨有關社會方面的政綱政策。我們有此了解以後，遂可根據史實，從最早的興中會說到現在，按著年代次序，分爲五個時期，予以敘述：

一、興中會時期

民國紀元前十八年，卽淸光緒二十年六月間，中日戰爭發生，淸軍節節敗退，強敵壓境，國勢岌危，國父決心推翻滿淸，提倡革命救國，認爲時機已熟，乃於是年赴檀香山糾合同志，同年十月二十四日創立興中會，爲革命團體，以策進行。但當時在革命之初，因環境惡劣，復以事屬冒險，一切要嚴守祕密，且爲便於號召起見，凡見諸文字者，也就不得不有所含蓄，故在興中會初創之時，並未有何顯明的政綱政策提出，其所能標榜的，只是以『富國強兵，化民成俗』爲本旨而已。後在興中會章程第三條上規定：『本會擬辦之事，務須利國益民者，方能行之，如設報館，以開風氣；立學校，以育人才；興大利，以厚民生；除積弊，以培國脈等，皆當惟力是視，逐漸舉行，以期上匡國家，以臻隆治；下維黎庶，以絕苛殘，必使吾中國四百兆生民，各得其所，方爲滿志。』這可以說是我國國民黨在興中會初創時的有關政綱政策。

二、同盟會時期

民國紀元前七年，國父由歐至日，留日學生開歡迎會於東京，席間，國父講演『中國民主革命之重要』，發揮革命理論，至爲剴切，留學生大受感動。至此革命潮流，日趨澎湃。國父以爲革命主張既已一致，有聯合各革命團體集中力量的必要，於是以興中會爲中心，與國

內其他革命團體聯合，擴大組織。同年八月二十日，同盟會正式成立於東京，發表宣言，標舉革命四大綱領：（一）驅除韃虜，（二）恢復中華，（三）建立民國，（四）平均地權。這便是同盟會的革命政綱政策。迨辛亥武昌起義，滿清政府被推翻，民國成立，同盟會本部自東京移至上海，旋又遷至南京，卽在民國元年三月三日，召開全體大會，議決改祕密為公開，並修改總章，標明九項政綱，其中第三項為：『採用國家社會政策』。這算是第一次標明了社會政策之名，惜乏具體的內容。

三、國民黨時期

上述的同盟會，改為公開的政黨，不少官僚政客紛紛加入，分子複襍之至，當時的中堅人士宋敎仁氏為矯正此弊，乃於民國元年八月廿四日改組為國民黨，訂定規約，發表宣言，都可說是當時的政綱和政策。但為袁世凱深嫉之，派人暗殺為首的宋敎仁氏，並強行解散國民黨，於是那時的政綱政策，便都全部成為泡影。

四、中華革命黨時期

自宋案發生，國民黨人憤恨交集，　國父親率堅貞卓絕的同志，於民國二年東渡日本，次年七月八日在東京成立中華革命黨，曾發表宣言，聲明此次辦法務在正本清源，摒除官僚，淘汰偽革命黨人，以收黨內完全統一之效。又頒佈總章三十九條，揭明『以實行民權、民生兩主義為宗旨』，並『以掃除專制政治，建設完全民國為目的』，其進行程序，分為軍政、訓政、憲政三時期，並決定自革命軍起義之日，至憲法頒佈之時，名曰革命時期，在此時期之內，一切軍國庶政，悉歸革命黨負完全責任，亦卽實行以黨治國。同時制定行政、立法、司法、監察、考試五權憲法，實行五權併立。以上的一切，都可視為當時的革命政

綱。在重訂的革命方略中，列舉的四事，則可視為當時的政策，卽：
（一）推翻專制政府，（二）建設完全民國，（三）啓發人民生業，（四）
鞏固國家主體。直至民國五年六月，袁世凱死後，國父乃宣佈罷兵，以
示前此革命，是『志在護法，而非為利。』但當時國家情況不寧，北洋
軍閥干涉國政，妄肆要挾，遂使 國父不得不南下廣州，以維護約法，
號召全國。

五、中國國民黨時期

中華革命黨旣成立，雖能矯正國民黨人的精神渙散，力求組織的嚴
密，惟 國父仍認為非謀黨務的擴張，並益求組織的健全，實不足以適
應革命的要求，乃於民國八年十月十日，再將『中華革命黨』改名為
『中國國民黨』，上加『中國』二字，以別於民國元年的『國民黨』。所
宣佈的總章，以鞏固共和實行三民主義為宗旨。一切組織規模，較前更
為宏遠而完備。民國九年十一月九日修正總章，其第一條規定『本黨以
三民主義為宗旨』，第二條規定『本黨以創立五權憲法為目的』。十二年
一月一日發表的總章，則於全文之前，加上『本黨為謀同志之結合，黨
務之開展，以期三民主義之實施，五權憲法之創立，……』這都是處處
明確的揭示了黨的政綱。其時，曾對外發表宣言，請列強勿干涉中國內
政，勿承認北京政府，並為貫徹護法目的，更有和平統一，化兵為工，
實行裁兵主張，這都是 國父在那時陸續發表的宣言和主張，也就是黨
的政策。

至民國十一年九月四日， 國父在滬召集各省同志張繼等五十三人，
交換意見， 謀求黨務的改進， 乃於十二年一月一日發表中國國民黨宣
言，特別揭示黨的政綱政策，凡三綱十二目，其第三綱中最後三目，乃
關於社會問題的解決，有如下三項政策性的主張：

『(五) 制定工人保護法，以改良勞動者之生活狀況，徐謀勞資間地位之平等。

(六) 確定婦女與男子地位平等，並扶助其均等之發展。

(七) 改良農村組織，增進農人生活，徐謀地主佃戶間地位之平等。』

這三項政策，可以視爲中國國民黨初期最爲明確而具體的社 會 政策。

民國十三年以後，由於中國國民黨的改組，使我國政治進入新的革命階段，故在歷次舉行黨的重要會議中通過並實施的有關政綱政策較前更多，亦更詳密而適合時勢的需要，且在逐漸的形成與發展之中，終於產生幾個具體完整而理想的社會政策。我們由此可見我國的社會政策與中國國民黨在各個時期改組史實的關係，若不經過這幾個時期不會形成有關的社會政策，也永不會有現階段的社會政策，這可說是先後相承，脈絡一貫。玆將歷次重要會議通過的有關政綱政策及社會政策，依次列舉，並略加說明如下：

(一)民國十三年一月第一次全國代表大會宣佈的『國民黨之政綱』，包括對外與對內政策，各十五條，目的在實行三民主義，而體系完整，內容充實，可說是革命政綱政策的典型。同時大會又通過另一重要的文件：『建國大綱』，包含了一切革命理論和方法的基本原則，全文廿五條，是歷來最爲完備的政綱政策。

(二) 民國十五年，國民革命軍出師北伐，軍事進展，非常迅速，爲求政治的推進與軍事的發展兩相配合，特於十月廿二日由黨的中央召集各省黨部代表舉行聯席會議，討論各項政治問題，通過『國民黨最近政綱』，大多是國民黨向來的主張，而爲當時的需要，可以說是北伐時期的軍政綱領。

　　(三) 民國十七年十月三日中央常務委員會通過『訓政綱領』，係
在訓政時期對黨政關係的初步規定；十八年三月間，第三次全國代表大
會時，通過『訓政時期施政綱領』，規定『社會救助、農民福利、勞工
組織、勞工福利、勞資關係』等項，又在通過『確定訓政時期黨政府人
民行使政權治權之分際及方略案』中，再作進一步的規定；至二十年五
月五日國民會議通過『訓政時期約法』，全部凡八章，計八十九條，又
將以上的訓政綱領納入於此約法之內，這都可說是訓政時期國家根本法
的制定，也都是國民黨重要的政綱政策之一。

　　(四) 民國廿六年，發生七七事變，抗日戰爭開始。國民黨為號召
國人，奮起抵抗侵略，並為加強抗戰力量，乃於民國廿七年三月廿九日
在武昌召開臨時全國代表大會，制定『抗戰建國綱領』，全文卅二條，
容納外交、軍事、政治、經濟、民眾運動、教育各綱領，這是適應當時
對日抗戰的需要，也是整個實現三民主義完成國民革命的國策，故其精
神與內容，實與黨的以往各項政綱政策，是完全連貫的，由於國人的共
同努力，獲得了抗戰的最後勝利。

　　(五) 民國卅四年五月五日第六次全國代表大會在重慶舉行，通過
『中國國民黨政綱』，規定社會保險及社會福利等項，並通過社會部長
所提四大社會政策綱領，即：『民族保育政策綱領』，『勞工政策綱領』，
『農民政策綱領』，『戰後社會安全初步設施綱領』，尤以後者是四個切實
可行的社會福利政策，極為重要，當在第三節中分述。

　　(六) 民國三十五年十一月，召開制憲國民大會於首都南京，制定
並通過中華民國憲法，於三十六年一月一日公布，同年十二月二十五日
施行，這是立國以來的第一部憲法，在基本國策部分，有關社會安全政
策的規定有六條之多，這也是中國國民黨一貫的主張，當在本章第二節
中論述。

（七）民國三十八年，由於共匪擴大叛亂，大陸淪陷，政府播遷來臺。先總統　蔣公卽因舉國皇皇，備受敦促，乃於卅九年重行視事，使海內外視聽爲之一振。同時，他以中國國民黨總裁身份，迅卽著手於黨的改造，以黨的改造，重振革命的契機。中央常會於三十九年七月二十二日在臺北召開臨時會議，總裁親臨主持，通過『中國國民黨改造案』，同年九月一日中常會復通過『中國國民黨現階段政治主張』，期在黨政配合之下，積極實施，以達成建設臺灣和反攻大陸的任務。

（八）民國四十一年十月十日第七次全國代表大會，通過『中國國民黨政綱』，共三十六條，分爲政治、外交、軍事、經濟、教育、社會、僑務七個綱領，其中有關社會的綱領有七條，對社會行政工作，頗有良好的影響。

（九）民國四十六年十月十日第八次全國代表大會，通過『中國國民黨政綱』，其體裁與歷次的政綱不同，而分『基本綱領』，『建設臺灣、策進反攻』、與『光復大陸、拯救同胞』三章三十二條，旨在迅速達成反共復國的革命任務。

（十）民國五十二年十一月十二日第九次全國代表大會，通過『中國國民黨政綱』，較之過去更爲積極，在建設復興基地方面，具有更大的建設性，在光復大陸消滅奸匪方面具有更大的戰鬥性。

（十一）民國五十三年十一月十二日第九屆中央委員會第二次全體會議，通過『民生主義現階段社會政策』，這是一項綜合性具有劃時代意義的社會福利政策，不僅是針對人民生活需要，而且是依據民生主義的內容，更具遠大的理想與目標，而益顯其重要性，當在本章第四節中論述。

（十二）民國五十八年三月十九日第十次全國代表大會，通過『中國國民黨政綱』、及『現階段社會建設綱領』等，作爲推進復國建國工

作的準繩，尤以現階段社會建設綱領，是一項擴大社會建設的政策，至爲重要，當在本章第四節中論述。

（十三）民國五十九年三月廿九日第十屆中央委員會第二次全體會議，通過『現階段加強國民就業輔導工作綱領』，及『現階段農村經濟建設綱領』，這兩種都是前所未有的重要性政策，當在本章第四節中論述。

（十四）民國六十五年十一月十二日第十一次全國代表大會，通過『中國國民黨政綱』，及『反共復國行動綱領』等，更多切合時宜的決定，皆能符合國家當前的最高利益。

（十五）民國六十七年十二月十六日，美國突然宣布與共匪建交，並中止與我國的外交關係，引起舉國震驚。中國國民黨爲了因應此種革命新情勢，乃於十二月十八日召開第十屆中央委員會第三次全體會議，決議成立六個工作小組，就黨務、政治外交、社會、文化宣傳、財政經濟、軍事等項，分組邀請專家學者及各界人士廣泛提出興革意見與建議，經整理成爲改革方案，並經中央常會通過，即交有關單位採行。在社會工作方面建議頗多，均係具有建設性的社會政策。

（十六）民國六十八年十二月十四日，第十一屆中央委員會第四次全體會議，通過五項中心議題：『以復興基地建設經驗，策進光復大陸，重建國家案』、『強化海外對敵鬥爭工作案』、『本黨在當前革命形勢中之任務案』、『復興基地重要建設方針案』、及『加速政治建設，擊破敵人統戰，促進全民大團結案』，作爲國家今後長期奮鬥的總目標，在社會方面，又特別提到建立全面社會安全制度，確是我國目前最需要貫徹的一項決策。

（十七）七十年三月廿九日，召開十二次全國代表大會，通過『貫徹復興基地民生主義社會經濟建設案』，規定社會經濟建設的重要措施，可謂我國現階段民生主義社會經濟兼顧並進的政策。

　　我國的社會政策，自中國國民黨建黨以來，先後在　國父及先總統蔣公等領導之下，逐漸有頗多的策進。以上我們已將自興中會以來有關的重要政綱政策，都已依次分別敍述，由此可知所述者都可說是我國有關的社會政策，有的可說是廣義的社會政策，有的可說是狹義的社會政策，其中名實相符的社會政策，如抗戰時的『四大社會政策綱領』、以及現行的『民生主義現階段社會政策』、『現階段社會建設綱領』、『現階段加強國民就業輔導工作綱領』、『現階段農村經濟建設綱領』及『貫徹復興基地民生主義社會經濟建設案』等九種，都是依據三民主義的原理以爲解決我國當前重大社會問題的施政方針，可以綜合稱爲三民主義的社會政策。而其中最足稱道者，厥爲『民生主義現階段社會政策』，乃--實踐民生主義的社會政策，更是賢明正確而具體可行的新社會政策，故推行以來，收效宏大，並已贏得舉國上下衷心的支持。

第二節　我國憲法上的社會政策

　　憲法爲一個國家最高無上的法典，凡是民主立憲政體的國家，莫不都有這一部法典的制定。

　　我國清末有立憲運動，光緒三十二年更發布預備立憲的上諭，乃有欽定憲法大綱，是爲我國憲法之始，惜未實行。民國後有約法二：一爲民國元年三月十一日經臨時大總統公布的『中華民國臨時約法』，二爲民國二十年六月一日國民政府公布的『中華民國訓政時期約法』，這兩種約法，在現行憲法未制定前，其效力與憲法相等。我國現行的憲法，是民國卅五年十二月二十五日國民大會制定，卅六年元旦國民政府公布，同年十二月廿五日施行。此法爲國家最大的法典，經國民大會受全

體國民的付託，依據 國父遺教，為鞏固國權、保障民權、奠定社會安寧，增進人民幸福而制定頒行，永久遵守。如有修定，亦須由國民大會為之，不得隨意變更。凡是國家一切立法的產生，均以此法典為根據，不得有所牴觸，凡與憲法牴觸的法規， 均屬無效（憲法第一七一條）。故憲法為國家立國最根本的大法，其重要性冠於一切法律，實在即是國家政策的規範。我國憲法上有關的社會政策，規定很多，我國的社會立法亦均須依據憲法上的社會政策而擬定。茲將我國憲法上有關社會政策的各項基本規定，分述如下：

第一：關於人民的基本權利：憲法第一章第十五條：『人民之生存權， 工作權及財產權應予保障』。 這是一項最新的規定， 符合時代精神，適應時代要求。大概言之，過去的憲法，只承認人民的財產權，應由國家予以保障，但無生存權及工作權。現代若干社會政策理論家和若干法學家，均極力主張人民應有此兩種基本權利，賴以促進社會安全。如大西洋憲章、費城憲章、聯合國憲章等，亦均認勞動應被尊重，人民的生存權及工作權，應受保障。中華民國可以說是這三大憲章最忠實的會員國，表示誠意的接納，於是載入憲法。因此我們認為憲法第十五條的意義很大，對憲法的本身而言，成為一大特色，也代表了進步；對人民而言，賦與了新的基本權利；對國際關係而言，中華民國憲法，是與大西洋憲章、費城憲章、聯合國憲章等的原則是完全相同的。

第二：關於社會安全的基本國策：我國憲法審度時代的趨勢，適應國家的需要，乃在憲法中規定基本國策，列為第十三章，共分六節，即國防、外交、國民經濟、社會安全、教育文化及邊疆地區， 其中第四節為社會安全，充分的表示我國憲法的精神，不僅在政治上確定社會階層相互間的權利關係，尤其注重國民生活的保障與社會福利的增進。現代社會的變遷，必然要求一種新制度的產生，於是憲法為求適應此種需

要，而採取了社會安全爲基本國策。蓋社會安全關係人民的福利甚切，現代各國多以之規定於憲法之中，舉凡關於社會保險、社會救助、兒童及婦女福利、勞工及農民保護、以及保健衞生等事項，莫不均納入於社會安全的範疇之內。例如日本戰後新憲法第三章第二十五條亦規定：『凡屬國民均有維持其適當而又合於文化的最低標準生活之權利，在一切生活範疇內，國家應致力於社會福利，社會安全與公共保健的促進。』又第二十七條規定：『凡屬國民應有工作之權利與義務，其有關工資、工時、休息及其他工作條件，應以法律定之』。這可以說明社會安全已成爲現代憲法的發展趨勢，而中華民國憲法上有關社會安全的基本規定，尤比日本新憲法具體而進步。茲列舉我國憲法基本國策第十三章第四節上有關社會安全的規定，共六條如下：

　　（一）第一百五十二條：『人民具有工作能力者，國家應予以適當之工作機會。』

　　（二）第一百五十三條：『國家爲改良勞工及農民生活，增進其生產技能，應制定保障勞工及農民之法律，實施保護勞工及農民之政策，婦女兒童從事勞動者，應按其年齡及身體狀態，予以特別之保護。』

　　（三）第一百五十四條：『勞資雙方應本協調、合作原則，發展生產事業，勞資糾紛之調解仲裁，以法律定之。』

　　（四）第一百五十五條：『國家爲謀社會福利，應實施社會保險制度，人民老弱殘廢及受非常災害者，國家應予以適當之救助與救濟。』

　　（五）第一百五十六條：『國家爲奠定民族生存發展之基礎，應保護母性，並實施婦女兒童福利政策。』

　　（六）第一百五十七條：『國家爲增進民族健康，應普遍推行衞生保健事業及公醫制度。』

　　從上述諸條文看來，中華民國憲法有關社會安全的基本規定，包括

了一般的社會安全政策，如國民就業，社會保險及社會救助，國民醫療服務，凡此皆是現代社會安全制度上所必不可少的事項，我國憲法上都有了明確的規定。此外，並有勞工政策及農民政策，民族保育政策的規定，欲使勞資雙方協調，確認社會的進化，是由社會上大多數的經濟利益相調和，不是由社會上大多數的經濟利益有衝突。這是基於 國父遺教， 必須排斥鬥爭學說， 而爲一切利益的調和， 是欲以全國生產事業的合理化，立於廣泛意味的企業者與被雇者在平行關係協同一體的基礎上，以實現民生史觀的社會進化定律，這一點正是現代社會政策的基本目標。

此外有關社會政策的憲法條文共十條如下： 如第四十三條：『國家遇有天然災害、 癘疫、 或國家財產經濟上有重大變故， 須爲緊急處分時， 總統……依緊急命令法發佈緊急命令， 爲必要之處置。』第一百〇八條：『下列事項，由中央立法並執行之，或交由省縣執行之。……七、合作事業……十二、勞動法及其他社會立法、……十八、公共衞生、十九、賑濟、撫邺、及失業救濟。』第一百〇九條：『下列事項，由省立法並執行之……第十一、省慈善及公益事項。』第一百十條：『下列事項，由縣立法並執行之……縣慈善及公益事業。』第一百六十一條：『各級政府應廣設獎學金名額， 以扶助學行俱優無力升學之學生。』 第一百六十五條：『國家應保障教育、科學、 藝術工作者之生活， 並依國民經濟之進展，隨時提高其待遇。』第一百四十二條：『國民經濟，應以民生主義爲基本原則，實施平均地權， 節制資本， 以謀國計民生之均足。』第一百四十三條：『土地價值非因施以勞力資本而增加者， 應由國家增收土地增值稅，歸人民共享之。』第一百四十五條：『國家對於私人財富及私營事業，認爲會妨害國計民生之平衡發展者，應以法律限制之。合作事業應受國家之獎勵與扶助。』 第一百五十條：『 國家應普設平民金融機

構，以救濟失業。』

　　由以上所述，可以看出我國憲法對於社會政策的基本規定，是非常積極，而且完備。

第三節　我國抗戰時的四大社會政策綱領

　　我國自民國廿九年十一月十六日，在行政院下成立社會部，各省市設置社會處局，建立了一個相當完整的社會行政體系，於是社會政策也就加強進行起來。例如社會部於成立不久，即集合國內社會學者研討我國的社會政策，以為積極推行社會福利工作的依據。經過多次集體研究的結果，最後擬定四大社會政策綱領，便於民國三十四年五月五日中國國民黨第六次全國代表大會在重慶開會時提出，經通過後，成為我國空前第一部最為完備的社會政策。這四大社會政策綱領，即為：民族保育政策綱領、勞工政策綱領、農民政策綱領、戰後社會安全初步實施綱領，這比以前歷次大會所訂有關的政綱政策，要具體完整得多，雖然我們今天來看這四大社會政策綱領，完全著眼於戰後福利設施，卻因大陸局勢變化太快，未能於戰後復員時全部付諸實現，但其政策的精神，仍然影響及於政府遷臺以後的社會福利行政者至多，實在不容忽視它的重要性。茲分別述其主要的內容如下：

一、民族保育政策綱領

　　這實在就是我國的人口政策，其所以不稱人口政策，而稱民族保育政策的原因，是由於根據民族主義，以保育民族為重。全文共分十項，凡二十一條，確是我國一種比較完善的人口政策，其全文如下：

『一、總　　則

一、提倡適當生育，增進國民健康，提高生活標準，減少災病死亡，以期人口數量之合理增加。

二、鼓勵身心健全男女之蕃殖，抑制遺傳缺陷份子之生育，革新社會環境，改善生養教育，以期人口品質之普遍提高。

二、調劑人地比率，力求兩性平衡，改善職業之分配，促進機會均等，以期人口分佈之適當調整。

二、提高及時婚姻

四、提高法定結婚年齡，明定男未滿二十歲女未滿十八歲者，不得結婚，以矯正早婚之弊害。

五、注意正常性教育，提倡兩性間正常社交，實施婚姻介紹，指導婚姻選擇，以確保婚姻之美滿。

六、改善婚姻之締結，實施婚後職業介紹，增加婚後之公共設備，以鼓勵男女之及時結婚。

三、健全家庭組織

七、厲行一夫一妻制，防止遺棄草率離婚，以保障家庭組織之健全。

八、注重家庭教育及親職教育，培養美滿家庭之觀念，實施家庭問題之咨詢，以期家庭生活之和諧。

四、促進適當生育

九、鼓勵健全夫妻之生育，指導適當之節育，維護孕婦產婦之安全，以期優良子女之增加。

十、實施婚前體格檢查，防治性病，施行遺傳缺陷份子之隔離或絕育，以杜不良種子之蕃殖。

十一、普及兒童保育知識，增進兒童福利，以求生養教育之改善。

五、增進國民健康

十二、改進國民營養，提高生活標準，普及國民體育，推廣醫藥衛生，以期國民體

格之增進。

六、調劑兩性比例

十三、矯正重男輕女之積習，力求兩性間之待遇平等，以維持兩性比例之均衡。

十四、調整鄉市間農工業之分配，鼓勵移民帶眷，以減小區域間兩性比例之差別。

七、調整職業分配

十五、促進工業化，以吸收農業上之過剩人口，擴充適於女性之職業，以增加全國人口之總生產力。

十六、實施計畫教育，培養技術人員，推行職業指導與介紹，管制勞力分配，以調劑人力之供求。

八、輔導人口遷徙

十七、平衡改進市鄉間之生活狀況，實施區域間有計畫之遷徙，以求人口之合理分佈。

十八、保護外國僑民，實施外僑入境之合理管制，以促成國際間人口流動之互惠平等。

九、扶植邊區人口

十九、普及邊民教育，改善邊區習俗，發展邊民生產事業，推廣邊民醫藥衞生，以提高邊區文化水準，改進邊民生活。

二十、獎勵雜居通婚，以加強國族團結。

十、防止人口殘害

二一、嚴禁墮胎殺嬰納妾蓄婢及人口拐帶與租賣，並取締娼妓，以防止人口之殘害。』

因為民族保育政策的基本原則是在人口『量』與『質』的提高，和人口分佈的調劑，在上項綱領中，首先把這三項基本原則，列於總則。此外，全綱領的重點為提高及時婚姻，健全家庭組織，促進適當生育，增進國民健康，調劑兩性比例，調整職業分配，輔導人口遷徙，扶植邊

區人口，防止人口殘害等九項，大多根據　國父遺教所訂定。

　　以人口原理而論，人口品質的提高，是絕對必要的：尤其是中國的人口品質，更須提高，所以提出五善的新觀念，卽『善種』、『善生』、『善養』、『善教』、『善保』，應是民族保育政策的根本要圖，而如何調劑人口的分佈，如平衡都市與鄉村的生活狀況，實施區域間有計畫的遷徙，以及減少區域間男女兩性比例的差別，在現代人口政策上來講，也都是絕對正確的。但是人口『量』的增加，這是戰後社會變遷的畸形狀態，實非戰前及戰時始料所及。當前人口問題最感嚴重的，是人口劇增，連帶產生了各種社會問題，以致任何國家幾無不為人口所困擾。故今日我國的人口政策，應該是合理的調節，而不再是合理的增加。總之，就上項整個政策看來，是相當完整具體的人口政策，其內容亦甚妥善，對我國各種人口問題都注意到了，惟並未徹底實行，實為一憾事。直到五十八年四月十九日行政院公布『中華民國人口政策綱領』及五十七年五月十七日行政院公布『臺灣地區家庭計畫實施辦法』，二者的內容似較『民族保育政策綱領』更能適合現實需要。五十九年多內政部設置『人口政策委員會』，已分別積極推行有關事項，並已收到良好的效果。茲將這兩項原文摘錄於後：

　　（一）中華民國人口政策綱領（中華民國五十八年四月十九日行政院臺五八法三一二七號令公布）

　　茲為求人口品質之提高，人口之合理成長，國民健康之增進，與國民家庭生活之和樂，訂定人口政策綱領如次：

　　　　壹、總　　　則

一、實施優生、保健、增進國民身心健康，並維護家庭制度，以期人口品質之提高，與家庭生活之和樂。

二、倡導適當生育，減少疾病災害死亡，以期人口之合理成長。

三、訂定國土計畫，調整城市與鄉村及國內區域間之人口密度。

貳、人口品質

四、增進兒童福利，提高教育水準，發展國民體育，改善國民營養，以提高人口品質。

五、辦理婚前健康檢查，以防止患有惡性遺傳，傳染惡疾或遺傳性精神病者之傳播。

六、懷孕婦女或其配偶患有惡性遺傳或傳染惡疾或遺傳性精神病或因疾病及其他防止生命危險，經公立或經政府指定之醫療機構檢查證明確有必要者，得請求施行人工流產。

七、凡患有惡性遺傳或傳染惡疾或遺傳性精神病者，或因疾病及其他防止生命危險之必要，男女雙方或一方，得由公立醫療機構施行結紮手術。

八、勵行一夫一妻制，維護家庭制度，發揚倫理道德，以期家庭生活之美滿和樂。

九、倡導以男滿二十歲、女滿十八歲為適宜之結婚年齡。

叁、人口數量

十、國民得依其自由意願，實行家庭計畫，政府對於家庭計畫之推行，應另訂實施辦法，予以扶助。

十一、普遍設立衛生醫療機構，加強防止疾病，以減少人口之死亡。

十二、結婚已達相當時期，未生育子女而患有不孕病之男女，向公立醫療機構就醫者，得請求請免其費用。

肆、人口分佈

十三、依據國土計畫，開發資源，加強經濟建設，以導致人口之合理分佈。

十四、訂定移民方案，實施國內區域間人口有計畫遷移，並輔導國外移民。

十五、普遍推行社區發展計畫，增進鄉村就業機會，促成城市與鄉村之均衡發展。

十六、配合經濟建設，增進國民生產技能，實施職業訓練，改進就業人口之行職業結構，以期人力之有效運用，並謀國民所得之提高與均衡。

伍、附　則

十七、本綱領由內政部設人口政策委員會策劃推行，並設人口研究機構，發展人口科學之研究。

十八、凡依本綱領第六、七條之規定，由公立醫療機構施行人工流產或結紮手術，其家境困難者，得減免其費用，其標準另訂之。

(二) 臺灣地區家庭計畫實施辦法 （五十七年五月十七日行政院公佈）

第一條：為增進國民健康，提高家庭生活水準，特訂定臺灣地區家庭計畫實施辦法（以下簡稱本辦法）。

第二條：本辦法實施目標，在使臺灣地區人口之自然增加率，能為合理之成長。

第三條：國民得依其自願，利用預防之方法施行節育。

第四條：有配偶之婦女就下列事項，向公立衛生醫療機構請求檢查及指導者，得減免其費用：

一、受孕及產前檢查。

二、婦幼衛生保健常識之指導。

三、受胎調節之指導。

四、懷孕常識之指導。

第五條：已生養子女三人以上者，得依其自願得向公立衛生醫療機構請求施行避孕，其家境困難者，得減免其費用。

第六條：家庭計畫之行政主管機關，在中央為內政部，在省（市）為省（市）政府衛生處（局），在縣市為縣市政府衛生所，在鄉、鎮、縣轄市為衛生所，家庭計畫之承辦醫療機構，為各級政府設立之醫院、衛生局、所及經政府指定之民間醫療院所。

第七條：為推行家庭計畫，縣（市）以上之行政主管機關，得視事實需要，酌予增加員額，鄉、鎮、縣轄市衛生所，應各增設專任醫師或助產士及家庭訪問員各一人。

第八條：家庭計畫各級行政主管機關，應視業務需要，舉辦有關短期講習或訓練。

第九條: 爲期家庭計畫順利進行，家庭計畫各級行政主管機關，應適時舉辦宣傳。

第十條: 家庭計畫各級行政主管機關及公立之承辦醫療機構，應按照年度工作計畫，編列預算。

上項中華民國人口政策綱領，已訂十多年，若干內容已與現況不合，因此，內政部早已草擬一項草案修正其內容，經行政院審議後，於七十一年十二月十日院會通過，並通過『加強人口政策推行方案』。該『人口政策綱領』修正案由院發布施行，而『加強人口政策方案』則由院令由有關機關執行。在這兩項草案的說明中，特別指出臺灣爲一海島地區，土地面積與自然資源均極有限，人口卻不斷增加，至民國七十年底人口密度已達每平方公里五百零四人，高居世界第二位，而人口自然增加率則高達千分之十八·一四，每年增加卅三萬人，約爲一個基隆市。因此，謀求人口的合理成長，人口品質的提高，及人口分布的均衡，乃成爲當務之急。在修正草案中指出，要實施優生保健措施，依法施行人工流產的結紮手術，以提高人口先後天品質，並明訂自七十八年人口自然增加率，自千分之十八遞減至千分之十二點五以下。在推行方案中的重點如下: 1.所得稅法十七條規定，撫養子女寬減額應加限制，以不超過二人爲原則。2.依法令規定之生育補助及保險生育給付，對生育第三個以上之子女不予補助。3.各級機關及公營事業單位，興建國民住宅配售時，應規定申請人之年齡，男子不得低於廿五歲，女子不得低於廿二歲。家庭人口數除直系尊親屬不列爲配售面積之標準。4.軍公敎及公營事業人員之結婚補助，規定最低年齡，男不低於廿五歲，女不低於廿二歲。 5.子女敎育補助費，對第三個以上子女不予補助。 6.依法令規定之生育醫療費用對生育三個以上子女應自行負擔。其他的規定尚多，茲從略。

二、勞工政策綱領

按勞工政策是解決我國勞工問題的全部方針，在這一個勞工政策綱領中，首先在第一條規定對於勞工政策有以下明確的目標：『勞工政策之目標，在依國家民族至上之原則與國際合作之精神，發展勞工組織，提高其地位，改善其生活，並促進勞資合作，調節勞力供求，增進勞動效能，加強國際勞工聯繫，以確保社會安全，適應國防民生之需要。』此外，便是這個綱領的主要內容，共十五條，每一條都很重要：

（一）除軍火工業外，其他從事勞動的工人，均應依員工混合組織制，分別組織或加入工會，但負指揮監督責任的職員則不得加入（第二條）。

（二）工會得有全國性的聯合組織（第三條）。

（三）取締包工剝削制度，以同工同酬為原則，各地並應分別規定最低工資率，工時以每日八小時，每週四十八小時為原則，每週應有連續二十四小時休息，每年應有定期休假，假期內照給工資（第四條）。

（四）女工及童工不得從事深夜及笨重危險工作，女工在生產前後應給予適當假期與醫藥補助（第五條）。

（五）厲行工礦檢查、制定工廠、礦場及其他重要工作場所安全及衞生設備最低標準（第六條）。

（六）儘先創辦疾病及傷害保險，逐漸推行其他社會保險（第七條）。

（七）興建勞工住宅，改善勞工營養，提倡勞工正當娛樂，普及勞工消費合作，及其他公益互助設施（第八條）。

（八）舉辦童工、女工保護設施及勞工托兒所（第九條）。

（九）推進勞工補習教育及其他文化設施，童工及學徒應有受國民教育機會（第十條）。

（十）實施勞工技術訓練，規定標準生產率，舉辦工作競賽，並獎勵勞工發明（第十一條）。

（十一）規定標準的團體協約（第十二條）。

（十二）獎勵工人入股，倡導勞工分紅制（第十三條）。

（十三）實施勞工就業指導，及協助勞工遷移（第十四條）。

（十四）提高勞工政治認識，並扶植勞工參政（第十五條）。

（十五）參加國際勞工組織，促進國際勞工合作，以維護國際社會安全（第十六條）。

此項嶄新的勞工政策綱領，對於中國的勞工立法，勞工運動及勞工組織等等，都產生很大的影響，甚之中華民國憲法有關勞工的規定，亦受此綱領的影響最多。如行憲後的國民大會及立法院所有職業代表制度下保障選出的勞工國民大會代表及立法委員。又如全國總工會於三十五年在南京成立，三十八年工會法的修正，及臺灣省於三十九年實施勞工保險辦法，後於四十七年起中央頒行勞工保險條例等，都可以說是此項綱領產生的直接結果。

三、農民政策綱領

我國以農立國，至今還是以農業人口居於相當多數，所以農民問題及農民政策異常重要，這是中國社會政策的特點，與歐美工業國家的社會政策不同的地方就在於此。按農民政策綱領的要項，便是健全農民組織，改善農民生活，以期建立現代化農業，提高農民地位，及發展農村經濟，其主要目標則在扶植自耕農，使耕者有其田，這是農民政策的基本的要求，國父在民生主義第三講中說：『……將來民生主義達到目的，農民問題真是完全解決，是要耕者有其田，那才算是我們對於農民問題的最終結果』。農民政策就是根據此一遺教制定的。我政府遷臺

以後，於民國四十一年一月二十六日公佈耕者有其田條例，實現耕者有其田的政綱，並以臺灣為首先實施的地區，成為政治的、經濟的、社會的一大改革。近幾年來行政院積極進行農村建設，使農會組織的推廣，生產技術的增進，農業收入的提高，生活方式的改善等，均能收到很好成果。茲摘錄農民政策綱領的原文如次，共十八項：

一、農民政策在發展農民組織，刷新農民政治，改革農村土地，改善農村經濟，推進農民福利，以保障農民權益，提高農民生活，實現三民主義之新農村社會。

二、本綱領所稱之農民，為直接從事農業生產之人民。

三、確認農會為農民之中心組織，並扶助其發展。

四、肅清妨碍農民之惡劣勢力，懲治貪汙土劣，並訓練農民行使四權，以推進農村自治之實現。

五、普遍農村國民教育，與補習教育，實行掃除文盲，以增進農民知能。

六、以農民領導農民，選拔並培養優秀農民，使成為農村自治幹部，充實農村領導力量。

七、依『平均地權』及『耕者有其田』之原則，調節農地分配，規定標準地租，限制耕地之使用、招租、分割、承繼及公私土地所有權之轉移。

八、保障佃農，扶植自耕農，推行累進制地價稅、土地增值稅，征收地主超額土地，並清理荒地配與無耕地或耕地不足之農民。

九、實行合理負擔，嚴禁高利貸款，徹底取締對農民之一切剝削。

十、提倡機械生產，改進農業生產技術，以促進農業工業化。

十一、倡辦公營農業與合作農場，並建立農村合作網，以實現農村經濟社會化。

十二、發展農村合作金融，改善農貸辦法，使資金融通之實惠，並及於切需之農民。

十三、穩定農產價格，發展農產貿易，保持農工業產品價格之適當平衡。

十四、推行義務勞動，提倡農村公共建設，並講求水土保持防止災害。

十五、改進並推廣農村救災恤貧安老育幼等建設。

十六、切實普及農村教育醫藥及衞生設備。

十七、創辦社會保險，促進農村固有互助制度，舉辦農村職業指導，改良僱傭農民之待遇及生活。

十八、善用農時與農暇，提倡農民體育及正當娛樂，提高農民生活水準，並改進其營養。

四、戰後社會安全初步設施綱領

現代各國的社會安全制度，係由美國於一九三五年首創，上已述之。但中國對於社會安全的思想，發源最早，如周禮及禮運大同篇中就有，然正式制定爲具體的社會政策，則從民國三十四年六全大會通過的『戰後社會安全初步設施綱領』才開始。由於原綱領只適用於初步實施，顯明的表示了它是屬於局部的，而不是全部的，也就是說要視其可能性的多少，而後有所實施的，並且只是原則性的規定，雖然尚未能成爲一現代完備的社會安全制度，但也正式採取社會安全的名稱，所以原綱領僅分四部，卽總則、輔導就業、社會保險、社會救濟，共有十二條，其全文如下：

戰後社會安全初步設施綱領

甲、總　　　則

一、戰後社會安全設施之目的在本　國父民生主義之精神，維護並改善國民之生計，以保障並提高人民之生活，而達成社會之安全與進步。

二、戰後社會安全設施之主要工作：(1)輔導就業，(2)舉辦社會保險，(3)加強社會救濟。

三、戰後社會安全設施之對象，爲生活急切需要救助及保障之人民，其對抗戰有勞績者，得有優先接受救助保障之權利：(1)退役士兵及中下級官佐，(2)小自耕農與佃農，(3)軍需交通及生產員工，(4)公敎人員等。

乙、輔導就業

四、戰後社會安全設施，政府應興辦各類公共工程或事業，直接爲人民創造就業機會，間接刺激社會經濟活動。

五、政府應舉辦職業訓練，提高人民就業水準，以優惠其收益，便利其轉業，並以配合戰後興辦之公共工程或事業，對於心身殘廢失去部分工作之人尤應予以特殊訓練，助其自力更生。

六、政府應普遍倡辦職業介紹及職業指導，以達成人事配合，供求適應。

丙、舉辦社會保險

七、戰後社會安全設施，政府應舉辦社會保險，暫分：(1)傷害，(2)老廢死亡，(3)疾病生育，(4)失業四種，得分別或合併實施。

八、社會保險之保險費，除傷害保險應由雇主負擔外，均由被保險人與雇主分擔，政府得酌量津貼。

九、社會保險給付，應按被保險人據以納費之梯級標準報酬爲計算標準。

丁、社會救濟

十、戰後社會安全設施，政府爲輔助職業介紹、社會保險之不及，應加強社會救濟法之實施，尤應運用社會力量督導其配合政府政策。

十一、社會救濟之對象，除老弱無依身心傷殘者應予救濟外，對於遭受非常災變及因其他障碍，臨時失去生計者尤應爲緊急之救助措施。

十二、社會救濟之方法，以：(1)醫藥衛生或其他服務，(2)以工代賑，(3)減免負擔，(4)貸放實物或現款，(5)收容敎養等，視對象之需要及實際情形，採一項或多項之救濟。

　　茲根據上項綱領，再說明其要點如次：

　　1.戰後社會安全的主要設施及其對象，在原綱領第二條規定主要設施三項：(1)輔導就業，(2)舉辦社會保險，(3)加強社會救濟。這三項規定與今日各國所通行的社會安全制度，大致是相同的，不過次序稍有不

同，名稱亦有不同。　第三條規定各種對象：『戰後社會安全設施之對象，為生活急切需要救助及保障之人民，其對抗戰有勞績者，得有優先接受救助保障之權利: (1)退役士兵及中下級官佐，(2)小自耕農與佃農，(3)軍需交通及生產員工，(4)公教人員等。』從這裏可知原綱領所定的實施對象，雖未概括為全體國民，但已經包括了工人、農民、公教人員、退役官兵、這些對象，可算是相當的普遍了。

2.輔導就業　原綱領第四條規定：『戰後社會安全設施，政府應興辦各項公共工程或事業，直接為人民創造就業機會，間接刺激社會經濟活動。』又為輔導國民就業，宜先注重職業訓練，俾能適應生產情形的需求。因此原綱領第五條規定:『政府應舉辦職業訓練，提高人民就業水準，以優惠其收益，便利其轉業，並以配合戰後興辦之公共工程或事業。對於身心殘廢失去部分工作能力之人，尤應予以特殊訓練，助其自力更生。』這規定在政策上來講，完全是正確的。至於職業介紹與職業指導，在輔導就業的方法上仍屬必要的手段，但較之增加就業機會與提高就業水準，顯然又居次要，故原綱領列為第三步工作（見原綱領第六條）。

3.舉辦社會保險　各國辦理社會保險，大多分期次第舉辦，並視其實際需要和財務狀況，以決定其範圍和步驟，很少有兩個國家以上完全相同的。戰後社會安全初步實施綱領主張舉辦社會保險，暫分四種:

（1）傷害。

（2）老廢死亡。

（3）疾病生育。

（4）失業保險。

其實老廢死亡是三種保險給付，疾病生育也是兩種給付，合起來還是七種保險，原綱領所定的保險種類是和各國現行的社會保險制度，沒

有多大出入。 現行我國的勞工保險的內容即是以此綱領爲其張本。 不過原綱領認爲可以分別或合併實施（見原綱領第七條）， 可以自由加以選擇。如經濟財政的條件許可，盡可以合併實施，否則按其輕重緩急，循序漸進，由簡入繁，亦極便利。例如失業保險，必俟工商業相當發達，方能舉辦，當局認爲今尚無此足夠的條件，故未舉辦。

4.加強社會救濟　在社會安全制度中，社會救濟係爲輔助就業及社會保險的不及。 我國政府早已頒行了社會救濟法， 確立了社會救濟制度。戰後社會安全初步實施綱領爲貫徹實施，仍認爲社會救濟有加強的必要。關於社會救濟的對象，除老弱無依身心傷殘者應予救濟外，對遭受非常災變及因其他障礙， 臨時失去生計者， 尤應爲緊急的救助措施（見原綱領第十一條）。又規定關於救濟的方法如下：

（1）以工代賑；

（2）減免負擔；

（3）貸放實物或現款；

（4）收容教養等。

視對象的需要及實施情形，採一項或多項的救濟（見原綱領第十二條）。

六全代表大會通過上項綱領時，還通過如下的兩項決議：

『一、交主管機關妥速籌劃，以備戰爭結束時隨時實施。

二、舉辦社會安全設施之經費，應列入國家總預算，對於遺產稅、所得程、利得稅等應採累進稅制，以其增收部分撥充之，以符社會協作之原則，一面與國際善後救濟切實配合，並利用戰後賠款。』

由以上兩項決議觀之，可知政府對於戰後社會安全制度的進行，非常積極，並經指定以遺產稅、所得稅、利得稅的增收部分爲社會安全措施的財源，尤具決心。

抗戰勝利後，政府對於緊急的救助，確也做了不少，有其不可磨滅

的成就。但在其他方面，則僅有一些準備工作，而未具體實行，尤其大會決議的第二項因財政部門未能完全配合，亦不能貫徹。總之，以上的四大社會政策綱領，構想原很周到，如能完全依照實施，其成果定有可觀。無奈抗戰勝利之後，初則忙於淪陷地區的接收復建，繼則共匪全面叛亂，外犯甫除，而內憂又起，以致人力經費兩皆缺如，尤乏充分的精神顧及，遂使良好的政策未能貫徹實施。不過，這四大社會政策綱領對於國內的思潮頗有影響，不僅反映於卅五年制定的我國憲法基本國策章中有關社會政策的規定，並且也多少促成我國現階段新的社會政策和綱領的規定，以及現行社會福利的各種新措施。

第四節　我國現階段的社會政策綱領

一、民生主義現階段社會政策

由於這一個政策，完全依據三民主義中民生主義，促進經濟與社會的均衡發展而制定的有關政策，其基本原則，本乎民生主義的理想，改善目前若干的民生問題，以應一般人民的急需，所以定名為民生主義現階段社會政策。同時，它還有一個副題，為「加強社會福利措施，增進人民生活實施方針」。

我政府自三十八年遷臺以來，致力於實施『三七五』減租，公地放領，耕者有其田，都市平均地權，以及辦理勞工、軍人及公務人員保險，不斷改善漁民、鹽民、礦工的生活，頗有顯著的成效。但社會愈進步，許多社會問題亦必相繼發生，我們自應本著三民主義的崇高理想，審度當前國家社會環境與實際需要，繼續加強推行社會福利設施。

先總統　蔣公於五十三年，修正『實施都市平均地權條例』之時，曾指示都市平均地權的目的，非爲增加稅收，而在使社會達到均富、安和與樂利，並謀地方建設的發展，使社會福利與社會教育、社會服務相結合，以增進國家、社會及民眾的久遠利益。因此，本此指示，在『實施都市平均地權條例』的第卅七條中規定，將土地漲價歸公的收入，以供育幼、養老、救災、濟貧、衛生等公共福利事業，與興建國民住宅及市區道路、上下水道等公共設施與國民教育之用。至五十七年實施都市平均地權條例又修改時增加所增地價稅的收入，應確定爲社會福利事業之用。

爲了實施以上的決定，中國國民黨第九屆中央委員會第二次全體會議於民國五十三年十一月十二日在臺北開會時，通過民生主義現階段社會政策，五十四年三月二十五日行政院又公布此一政策，以加強社會福利措施，增進人民生活實施方針，通令各機關遵行，這是我國歷年來所訂的社會政策中，最爲進步完整而具體的社會政策，可說是我國社會福利設施的新政策和新發展，是全面性的社會建設的藍圖，也是當前我國社會立法及社會行政工作的基本依據，故尤具有重要性。原文共分七大項，三十三目，茲摘錄如下：

『本黨依據民生主義，促進經濟與社會之均衡發展，曾於歷屆會議中，先後通過各項有關政策，今反攻基地之經濟情況，日趨繁榮，社會福利措施，亟待加強，爰以建立社會安全制度，增進人民生活爲目標，以採取社區發展方式，促進民生建設爲重點，決定現階段社會福利措施之實施方針如次：

（一）社會保險：

1.社會保險，應于現行勞保、公保、軍保以外，視社會需要，逐步擴大，分期分類實施。商店店員，私立學校教職員，新聞從業人員，公

益事業及人民團體之工作人員，機關工友、技工、司機，應盡先納入保險。

2.公保、軍保之疾病保險，應逐步擴及其配偶與直系親屬。

3.現行勞保之保險費率，應就實際情況，作合理之調整，並逐步增辦免費門診。

4.勞保、公保之醫療服務，應力求改善，確保被保險人醫療之實惠。

5.訂頒社會保險法及有關法規，建立社會保險之完整體制。

（二）國民就業：

6.配合經濟發展，獎勵投資開辦工廠農場暨與建大規模工程，積極創造就業機會，並加強聯繫各公私企業及公共工程機構，調劑人才供求。

7.擴充國民就業輔導機構及其業務，視工商業發展情形，增設就業輔導中心或輔導站，加強實施職業介紹。

8.經常辦理勞動力調查及就業容量調查，供應就業資料。

9.建立職業指導制度，舉辦就業轉業暨在職訓練，並建立工廠學徒制度。

10.都市以日雇勞動方式，救濟臨時失業者，並酌設平民工廠，容納貧苦民眾。

11.訂頒國民就業服務法及有關法規，以利就業服務之進行。

（三）社會救助：

12.改善公私立救濟設施，並擴展院外救濟，救濟貧苦老幼人民維持最低生活。

13.擴大貧民免費醫療，並特約設備完善之公私醫院，劃撥牀位，承辦免費醫療。

14.加強防治傳染病，擴大對殘廢者之救助與重建，並積極收容精神病患者。

15.拯救不幸婦女，訂定有效辦法，救助被虐待之養女及被壓迫之娼妓。

16.修訂社會救助法，規定受救條件、給予標準，並改善其救助方式。

（四）國民住宅：

17.由政府興建國民住宅，廉租或分期出售平民居住，並加強其社會服務設施。

18.採行長期低利貸款方式，協助平民及公務人員自行興建住宅，並運用分期收回之本息，轉向銀行貸款，循環擴建。

19.鼓勵私人投資，建造國民住宅，出租或分期出售。

20.運用金融機構資金，開發都市近郊山坡地域不適農耕土地，以合理價格，供給國民所需之建築基地。

21.設計改良住宅，供應圖樣，獎助居室工業，大量生產標準建築器材，並劃一其規格標準，以利國民自建住宅。

22.修訂國民住宅法及有關法規，力求便利人民，以促進國民住宅之興建。

（五）福利服務：

23.加強勞工福利，改善勞工生活，並倡行勞工分紅入股辦法，促進勞資合作。

24.鼓勵農會，漁會加強或增辦對農家或漁民服務之業務，以改善農漁民生活。

25.地方政府應於都市、鄉村及工礦區加設托兒所及兒童福利中心，並鼓勵公私企業、民間團體興建兒童福利設施。

26.重視家庭教育、家庭衞生、國民營養、生育常識，並推廣家庭副業，加強家政指導，以增進家庭幸福。

（六）社會教育：

27.結合社會力量，設置獎學基金，獎助在學暨社會清寒優秀青年，依其志願與資質完成學業。

28.擴大社會各種技藝訓練暨職業補助教育，並充實地方公共圖書館與博物館之設備。

29.電影、電視、廣播、報紙、雜誌及文藝書刊，應以社會教育爲其大衆傳播之主要目標，當積極負起社會教育責任。

（七）社區發展：

30.採社區發展方式，啓發居民自動自治之精神，配合政府措施，改善居民生活，增進人民福利。

31.設立社區福利中心，由社區居民推薦熱心公益事業人士組織理事會，並雇用曾受專業訓練之社會工作人員，負責推進各項工作。

32.加強公共衞生及康樂設施，尤應積極推廣道路橋樑之修築，暨公井、公廁、公園、公墓、游泳池、體育場之設施。

33.鼓勵社區內人民，以合作組織方式，辦理消費、副業生產與運銷，暨公用福利等事業。

以上各項措施，爲求迅著成效，必須妥籌財源，政府對社會福利事業，應寬列預算，並以實行都市平均地權所增收的地價稅，設立社會福利基金，更應訂頒辦法，獎勵人民捐資興辦福利事業，豁免其所捐部分的所得稅與遺產稅。至於所需人才：則應儘量任用各大學有關社會工作學系的畢業生。2.對現有工作人員，亦當隨時舉辦在職訓練，增加其專業知識，改進其工作方法。總之，今後社會福利措施的推行，務須積極推動政府與社會，協力並舉，俾全體人民的生活，同臻於安全康樂的境

地。』

上項民生主義現階段社會政策，因為是最近頒佈的，所以完全可以代表我國當前的社會政策，自應加以特別重視，而且此一政策具有下列五個特點：

第一、政策的目標是在逐步完成建立社會安全制度，增進人民生活，故以社會保險為首要，其次為國民就業、社會救助、國民住宅、福利服務、社會教育、社區發展等措施，共為七項。此與現代世界各國新社會政策的基本目標一致，充分具有時代性，合乎時代需要。

第二、政策的重點是在採取社區發展方式，來推行社會福利事業，以促進民生建設。社區發展是社會工作最新的方法，對於民生建設方面，確是一項有效的必要措施。

第三、政策所需的經費，必須妥籌財源。所有各項措施，除政府寬列預算以外，並以實行都市平均地權所增收的地價稅，設立福利基金。此一新制度，正符合民生主義的理想。

第四、政策所需的人才，規定應儘量任用各大學有關社會工作學系的畢業生；對現有工作人員，亦當隨時舉辦在職訓練，增加其專業知識，改進其工作方法。此點亦確乎重要，因為社會福利事業的工作人員，必賴有大批的專業人才，而後政策才可以有效的切實施行。

第五、政策所需的立法，均須慎密研擬，其中尤以建立社會保險體制，須訂頒社會保險法；為加強輔導國民就業，須訂頒國民就業服務法；為擴大社會救助，須修訂社會救助法；為擴建國民住宅，須修訂國民住宅法，以及其他有關的法令，均為當務之急，俾在執行時有所依據。

二、現階段社會建設綱領

根據　國父遺教及先總統　蔣公指示，國家有政治、經濟、社會、文化等四大建設。　目前我國經濟建設經一再努力推進，已有相當的成就，但必須社會經濟平衡發展，在社會建設方面有待加強，所以還要注重社會建設。同時，由於上述的民生主義現階段社會政策通過實施以後，頗能收到良好的效果，所以，執政黨為了擴大社會建設，乃由中國國民黨依據　總裁『現代國家之建設，須以社會建設為根本，而社會建設又為一切進步之基礎』。及『建設國家先建設社會』的提示，並針對當前政策與需要積極展開各項社會建設，擬訂『現階段社會建設綱領』，於五十八年三月廿九日提經國民黨第十次全國代表大會討論通過後，再由政府據以制訂詳細實施辦法，積極貫徹實施。該綱領建設的重點，即為由民生兼顧到民權和民族方面的建設，因而也可稱是三民主義的社會建設政策。全部主要內容如下：

（一）**社會建設之目標**：社會建設之目標係本倫理、民主、科學之原則，以及建設之首要在民生之精神，以謀求：

1.社會發展與經濟發展之平衡推進，以建設均富、安和、樂利之社會。

2.養成國民守秩序、重法紀、負責任、有組織之習慣及互助合作之精神。

3.發揮民族精神、堅定民族自信、光大優良傳統、文化與倫理道德、提高人口素質。

（二）**社會建設之內容**：

1.**實踐民生主義之社會建設**：計有平均地權、節制資本、擴大社會保險、促進充分就業、保障勞工合法權益、擴展福利服務、廣建國民住

宅、全面推動社區發展及合作運動、提倡科學技術研究，以促進經濟發展，改善國民生活。

2.實踐民權主義之社會建設：計有厚植民主法律根基，調整基層組織，推行管敎養衞要政，重視民間反映，使政府施政與民眾需要相適應，推行便民措施，增進政府與民間之融合關係，健全人民團體組織，發揮團體功能。

3.實踐民族主義之社會建設：計有加強民族精神、生活、倫理敎育、思想人格敎育、頒行禮儀規範，確認家庭爲社會基礎，並謀求人口分佈之均衡；提倡正當娛樂，充實國民精神生活；加強醫療措施及衞生敎育，以維護國民健康；提倡敦親睦族，鼓勵善行義舉；感化問題少年，肅清流氓竊盜，以維公共秩序，端正社會風氣。

（三）社會建設之推進：

社會建設之推進，首重思想觀念之溝通，並將各項工作完成立法，以利施行。行政機關應妥爲規劃，寬籌經費，釐訂進度，切實執行，並發動民間力量，共同推行。

三、現階段加強國民就業輔導工作綱領

關於國民就業，我國過去雖曾有過多次政策性的決定，但都是零星片斷的，缺乏進一步具體完整的規定，何況近年我國工商業發展，極爲迅速，農村社會正向工業社會急激蛻變，爲應工業化的需要，有關開發人力資源，投入建設行列的問題，非常的迫切，因此，中國國民黨爲配合現階段的經濟發展，加強國民就業輔導工作，以促進國民充分就業，改善國民生活，特于五十九年三月廿九日十屆二中全會中專就國民就業方面通過『現階段加強國民就業輔導工作綱領』一種，並訂定進度，頒佈施行。此項工作綱領全文規定目標及基本措施二部分，分爲五項目

標，四項基本措施，共十九條，內容詳密，構想新穎，可說完全是針對現存問題，衡量主客觀條件，研究出一個切實可行的就業輔導政策，內容詳盡，實爲以前所未有。自頒布以後，政府已據以訂定計畫，貫徹實施。茲摘錄其原文如次：

壹、目　標

一、適應人口發展與新進勞動力需要，加速資金累積與轉化，以創造並增加更多就業機會。

二、在不影響工業現代化與高級化原則下，儘量維護與加強勞工密集工業發展，以減少失業人口，並進而擴大就業機會，容納新進勞動力就業。

三、配合經社發展人力需要，建立教育長期歲出政策，改變職業觀念，擴大職業訓練，加強職業教育與建教合作，以增進國民就業技能。

四、加強勞工行政，改善勞動條件及工作環境，提高勞工地位與待遇，以激發國民就業意願。

五、建立完整就業輔導行政體系，統一就業輔導事權，改進就業輔導作業，以加強人力供需調配。

貳、基本措施

一、開創更多就業機會：

(一) 貫徹經濟建設計畫實施，以達成增加就業機會目標。

(二) 在不影響工業現代化與高級化原則下，儘量維護與加強勞工密集工業發展，以減少因工作異動或技術變遷失業人口，並進而擴大就業機會，容納新進勞動力就業。

(三) 加強有關人力調查統計，並應力求勞動力供需評估精確，據以釐訂訓練及教育計畫，以提高人力素質與就業能力，促進國民充分就業，加速經濟發展。

二、增進國民就業技能：

(一) 教育方面：應規劃建立教育長期歲出政策，以配合經社發展人力需要，除

因應學齡人口就學需要，注意國民基本知識傳授，與高深科學研究發展外，並應改變盲目升學與士大夫意識，加強培養學生畢業離校後，謀生就業所需知識與技能。

(二) 職業訓練方面：由政府創辦地區性職業訓練中心，在中等學校內增設技藝訓練中心，並由事業單位辦理養成訓練及技術生訓練等，以輔導高初中畢業未升學及中途離校學生，成為目前迫切需要技工與半技工。在最近期內，尤須推展下列工作：

(1)在統一就業輔導行政體系下，建立職業訓練行政體制，統籌推動及督導職業訓練。

(2)研訂職業訓練法規，確定政府與事業單位對職業訓練方面權利與義務，並儘先研訂「職業訓練實施辦法」、「工廠推行技術生（學徒制）訓練實施細則」、「技術工甄審發證辦法」、及審訂「各種職業訓練標準」等法規。

(3)為籌措擴大職業訓練經費所研擬「職業訓練金條例草案」，應儘速完成立法程序，公佈實施。

(4)配合經濟建設計畫中人力需要及戰時生產人力要求，由各級主管機關辦理各業人力供需調查。

(三) 建教合作方面：應健全各級政府建教合作體制，配合就業輔導工作的推行，聘用專業人員，負責建教合作進行，並應規劃推行下列工作：

(1)依據當前情勢，修訂建教合作可行方案，力求建教合作有效推行。

(2)依建教合一基本精神，所設計「建教合作實驗班」、「技藝專科學校」及「實用高級技藝學校」，應鼓勵公民營企業盡力興辦，以減少政府教育投資及延聘師資困難，並可充裕各業所需中級及基層技術人力。

(3)公民營工廠應儘量給予工職學生實習便利。

(4)九年國民教育方案實施，必須兼顧升學與就業兩方面需要。除在國中階段加強工藝與職業指導課程外，更應進一步辦理建教合作。凡志願就業學生，在學校附近有工廠可供實習時，得經學校當局核准，自第三年起

　　　　至工廠中實習，俾能早日養成一技之長，提前就業。

三、激發國民就業意願：

（一）充實中央及省（市）以下各級勞工行政機構人事與經費，切實加強勞工行
　　　政作業。

（二）配合國家政策與經社發展需要，及時制定、修正或廢止有關勞工法令。

（三）統一工礦檢查權責，加強廠礦安全衞生檢查，切實督導廠礦，改善勞動條
　　　件與工作環境。

（四）建立技能檢定發證、等級評價及其升遷進修制度，提高技術工作者地位與
　　　待遇，並舉辦技能競賽，強化技術工作者職業觀念，激發國民參加勞動生
　　　產工作意願。

（五）倡導合理工資及適當工時制度，充實職工福利設施，並依勞工生活費指
　　　數，定期調整基本工資。

（六）勞工災害賠償應與勞工保險分開，勞工保險的殘廢、老年及遺屬給付，應
　　　改為年金制。

（七）工業區的開闢，應預先考慮勞力供需情形，並應注意興建男女勞工宿舍，
　　　改進當地交通設備，與之配合，以吸引所需人力。

四、加強就業輔導工作：

（一）建立中央就業輔導行政及省、市就業輔導體系，統籌規劃就業政策，儘速
　　　完成就業安全立法程序，擬訂有關就業輔導行政規章及標準作業程序。

（二）建立臺灣地區完整就業輔導網，將現有就業輔導中心，工業區就業服務站
　　　及縣、市就業輔導所配置與關係，重新全盤檢討調整，並充實其員額經
　　　費，加強作業。

（三）私營職業介紹業者，應劃歸就業輔導行政機構統一管理，以加強其業務指
　　　導監督。

（四）加強僱主訪問與工業技術服務，建立就業市場資料蒐集及定期發佈制度，
　　　以便及時實施職業交換，合理調節各地區各行業各職類人力供需。

（五）舉辦就業輔導人員專業訓練，並建立專業人事與待遇制度，有關就業輔導

之職業指導、職業諮詢、性向測驗及職業分類典，並應分別充實與加強。

（六）配合動員需求，加強專技人力調查登記與動態管理，奠定戰時專技人力管理基礎，以適應反攻大陸需要。

　　以上這個現階段加強國民就業輔導工作綱領，是一頗有內容且很進步的綱領，對於各項有關的工作，都能把握到重點，所以頗為政府重視而積極推行，也已收到相當成效。

四、現階段農村經濟建設綱領

　　民國五十九年，中國國民黨舉行第十屆二中全會時，通過「現階段農村經濟建設綱領」。這是為了促進現階段我國農村經濟建設而訂定，其內容分為目標、基本措施、及實施程序三部份，其中所規定的十項基本措施，確是符合現階段農村的實際需要，而且都是有效可行的措施。其全文如次：

　　本黨基於實施土地改革成果，為適應現階段國家經濟發展之需要，謀求增進土地利用，提高農民所得，保障農民利益，改良農民生活，以促進農業之現代化，特制定本綱領。

　　（一）目標

1、改善農村生產結構，**擴大農場經營規模**，推廣機械作業，提高生產技術，以加速農業現代化。

2、降低農業生產成本，減輕農民負擔，合理調節農產價格，健全農民組織，革新產銷制度，並改進農業金融，以增加農業經營收益。

3、加強農村社區建設，增進農民福利，以促進鄉村都市化理想之實現。

　　（二）基本措施

1、改善農業生產結構：

　　(1)為促進農業多角化發展，改變以栽培稻穀為主的生產觀念，**擴大高價值產**

品生產，推展果類，蔬菜及其他特用作物之新產品項目。

(2)推行農產綜合經營，及畜產業經營，發展飼料及肉乳品事業；並配合農機替代耕牛趨勢，加速肉乳牛生產。

(3)拓展農產品外銷市場，改進農產品加工技術，提高產品品質，建立產銷秩序，改善銷售方式，以增加農產品之外銷。

2、擴大農場經營規模：

(1)規定單位農場最小面積並制止其農場面積再分割，對於由法定繼承人之一繼承並繼續經營，及移轉由一人承購繼續經營者，予以適當之獎勵。

(2)加速辦理農地重劃，辦法力求改進，使現有農田之圻形，及其灌溉、排水及農路系統，配合現代化農業經營區之建立，迅速全面改觀。

(3)推行共同栽培及共同經營，輔導家庭農場聯合現代化農業經營區，促進企業化經營。

3、推行農業機械作業：

(1)推廣各類農牧業機具，減低農機售價，提高機件性能，加強保養服務。

(2)增設農機試驗推廣及服務機構，獎勵農民運用合作方式購買農機，並鼓勵民間多方利用農機及代耕代營業務。

4、提高生產技術：

(1)為配合節省勞力與推行農業機械化，重新研究培育新的品種，改革耕作與飼育方法，以提高生產效率。

(2)健全農業專科及職業教育，及農業改良與示範推廣系統，俾農業科學技術發展，能迅速付諸實施。

(3)加強長期農業研究，積極培養人才，充實研究經費與設備。基本研究與實際問題研究，應予兼顧並施。

5、降低肥料施用成本：

(1)降低肥料生產配售價格及換穀比率，簡化肥料換穀程序與手續，並研討改進肥料配售辦法，以求便利農民。

(2)稻穀以外其他作物所需現金配售肥料，力求充分供應。

6、減輕農民負擔：

    (1)田賦征收標準及其他農業稅捐負擔，應依據農業所得，與非農民稅負及其他從業者稅負之比較，通盤研究改善。

    (2)隨賦征購餘糧價格，力求參照產地價格，合理訂定。

    (3)檢討農業用資材價格，並協助農民設法予以降低，必要時由政府籌撥專款補助。

7、合理調節農產價格：

    (1)革新農產制度，提高運銷效率，加強有關市場運銷之管理制度，俾農產品能藉健全運銷系統，供應市場需要，以調節合理價格水準。

    (2)設置重要外銷農產品價格平準基金，用以調節農民所得價格，保證農民收益。

    (3)大宗農產品進口，應適當調整數量及保持適當價格水準，並就國內生產成本及進口成本之差別，得機動從收差異金，設置基金，以促進國內農業生產。

8、改善農業金融及投資：

    (1)成立農業金融決策統籌機構，以便統籌策劃農業資金之供應，協調與輔導現有各農業金融機構之分工合作，俾在整體農業金融制度之下，提高資金運用效率。

    (2)改進及簡化金融機構有關農貸手續，並視生產實際需要，調整利率，延長貸款期限。

    (3)政府應籌撥長期低利資金，或向國際機構洽商貸款，設置各種農業基金，辦理專業性之專案貸款計畫。

    (4)政府應擴大農業公共基本投資，訂定優先及撥助標準，俾利水利興建，山坡地開發，鄉村交通運輸及倉儲之發展，以擴大農產潛力。

    (5)鼓勵農民節約儲蓄，以增加農場短期投資。

9、健全農民組織：

    (1)各類農民組織，如農會、農田水利會、漁會及農村專業性合作社，應嚴加

整頓，根除浪費，加強輔導監督，實施權能劃分制度，提高管理效率，以達成營運企業化。

(2)提高農民團體工作人員之素質，鼓勵擴大業務範圍，建立自治體制，俾能發揮服務農民之功能。

(3)政府對於各類農民團體之輔導監督，應劃分權責，分工合作，簡化法令、嚴行獎懲。

10、增進農民福利：

(1)加強推行農村社區發展計畫，改善農村道路與環境衛生，擴大推行家庭計畫，協助農民，衣、食、住、行、育、樂之改善。

(2)協助農民組織土地利用，農機具利用，特產品加工運銷及社區消費合作等專業性合作組織，以增進農民經濟利益及生活福利。

(3)增設農村托兒所，便利農家婦女參加農業生產及農村副業。

(三)實施程序

(1)本綱領所定各項措施，政府審度經濟發展情勢及農業狀況，確定實施步驟，擬訂具體方案，分別執行，其需修改或制定有關法令者，亦應儘速進行。

(2)對於本綱領有關提高農民所得，減輕農民負擔及健全農民組織等措施，應予優先規劃實施。

五、貫徹復興基地民生主義社會經濟建設案

自民國三十八年中央政府遷臺以來，我國在國內外都曾遭遇過種種困難，尤其在國際間不僅受到經濟波動的影響，更受到國際政治外交的無情衝擊；但全國同胞在政府正確政策的領導下，貫徹三民主義，共同努力，不僅克服了國內外的種種困難，而且在社會經濟發展方面獲致了許多顯著的成就。不過，社會經濟發展的客觀環境隨時在變化，而且不時會產生一些新的問題與挑戰，急需適當的對策。因此，中國國民黨在

七十年三月廿九日召開的第十二次全國代表大會中，通過「貫徹復興基地民生主義社會經濟建設案」。這是全體出席代表及有關工作人員智慧的結晶，為現階段社會經濟建設遵循民生主義的方向，作整體的均衡發展。全案內容分別自共同性、經濟建設及社會建設等三方面，訂定今後應採行的重要措施如下：

(一)共同性措施，包括六項重要措施：

1.實施區域計畫，加強資源利用；

2.貫徹平均地權，促進地利共享；

3.加強科技研究，引入先進技術；

4.調整大專科系，培育高級人力；

5.緩和人口成長，提高人力素質；

6.健全經社法規，提高行政效率。

(二)經濟建設措施：包括九項重要措施：

1.掌握能源供給，提高能源效率；

2.擴大農業經濟規模，促進農業現代化；

3.開發海洋資源，改善漁民生活；

4.改善工業生產結構，發展技術密集工業；

5.提高產品品質，促進市場競爭；

6.強化整體交通系統，提高運輸通訊能力；

7.講求企業管理，提高經營效率；

8.推動賦稅改革，強化稅務行政；

9.發揮金融功能，支持產業發展。

(三)社會建設措施：包括八項重要措施：

1.擴大技能訓練，促進就業安全；

2.加強勞工福利，增進勞資關係；

3.建立醫療保健體系，擴大醫療衞生服務；

4.擴大社會保險，強化社會福利；

5.廣建國民住宅，平衡城鄉建設；

6.加強社區發展，辦理基層建設；

7.加強環境保護，防治公害污染；

8.開發國家公園，增闢育樂場所。

此案通過後，卽透過從政同志，已列爲行政院今後積極推動的重要工作，分別成立經濟建設及社會建設設計推動兩小組，並已納入管考，以求貫徹實施，必將增進全民福祉。

至此，我們已將我國有關的社會政策，都已逐一分別說明，由此可以很清楚的知道我國有關的社會政策，究竟是些甚麼？從執政黨成立以來，在這方面已先後制定了不少，可說一次比一次進步，一次比一次詳密，也一次比一次完整。目前我們已經有相當完備的現階段社會政策和綱領，作爲立法及行政工作很好的依據。今後的問題，並不在於繼續制定甚麼新政策，而是在於如何把已有的政策和綱領，都能去貫徹實施，這才是目前最重要的大事。

下編：社會行政

第一章　社會行政概念

第一節　社會行政的意義

　　凡是有組織、有系統研究的學問，都被稱爲科學 Science，包括自然科學 Natural Science，與社會科學 Social Science，前者爲研究自然現象的學問；後者爲研究社會現象的學問。在社會科學中，專門研究人與人的關係與行爲的學科，卽爲社會學 Sociology。任何科學可分爲理論的與實用的兩部門，社會學也不例外，通常社會學卽分理論的與實用的兩部門，社會學本身是純粹屬於理論部門，主要研究社會一般原理原則，而社會工作 Social Work 則是屬於實用部門，是應用社會學的原理原則來處理社會工作，可稱爲實用社會學或應用社會學 Applied Sociology。社會行政 Social Administration，卽是有計畫的全盤性的

社會工作之行政。這是根據美國學者華特・弗蘭特 Walter. A. Fried-lander 所著社會福利概論 Introduction to Social Welfare, 1961, 分社會工作為六種, 卽: 社會個案工作、 社會團體工作、 社區組織工作、社會福利行政、社會福利研究、及社會運動。由此分析, 社會行政是現代社會工作的一種, 並對社會行政的意義, 也可獲得一個初步的瞭解。

至於社會行政的明確定義, 中外學者雖多提出, 但說法不一, 祇能綜合言之:

一、簡單的說: 社會行政是現代國家推行有關社會福利工作的公共行政事務之一部份, 故又稱為社會福利行政 Social Welfare Adminis-tration, 這個名詞在國際之間已頗流行。

二、詳細的說: 社會行政乃是一個國家依據其立國主義, 參照社會需要, 以人為對象, 以社區為單位, 運用社會工作方法, 本着社會服務精神, 以啓發誘導的方式, 從事民衆訓練與組織, 策動民衆自力, 配合各種行政設施, 綜合積極的推進社會建設, 謀求社會福利, 以促進社會正義的實施, 與國家福利責任的完成。

根據上述, 可分析出社會行政, 至少具有下列四個特點:

一、社會行政是現代國家依據立國主義, 參照社會需要, 應運而生的一項新興的公共行政。

二、社會行政是以人為對象, 並以社區為單位的工作, 故其一切設施都是為着整個人羣與整個地方造福, 而非專為少數人, 亦非專為部份地區着想。

三、社會行政是以社會工作方法, 為其主要的工作方法, 概括的說, 分為五種: ㈠社區組織、 ㈡社團工作、 ㈢個案工作、 ㈣社會研究（包括社會調查、 社會統計、 個案分析等）、 ㈤機關管理。以上五種工

作方法的運用目的，皆在於完成社會建設，謀求社會福利。

四、社會行政工作人員須具備服務精神與行政技術，二者並重，因之特別注重專業人才的培養，卽以培養專業人才推行其基本工作，俾能收到事半功倍之效。

在此要附帶說明的，除社會行政與社會福利行政二名詞可並用外，還有幾個通用的類似名詞：如社會服務、福利服務、社會福利服務、及公共福利等名詞，應有略加辨明的必要。

按社會服務 Social Service，是一個老名詞，在國際之間已使用較久，尤通行於英國，現與社會福利 Social Welfare 常在國際間交替使用，有時二者結合起來，稱爲福利服務 Welfare Service 或社會福利服務 Social Welfare Service。至於公共福利 Public Welfare 乃在美國通用，專指各級政府撥付經費所舉辦的各種福利措施而言。

第二節　社會行政的演進

現代國家的社會行政，可追溯甚遠，曾經一段很長的歷史演進過程，茲分爲五個不同的時代敍述之。

一、部落時代:

人類生存在最早的草昧時代中，大都穴居野處，茹毛飲血，過着逐水草而居的漁獵畜牧生活。由於這種原始生活簡單，一切知識未開，深受神權所支配，所謂公共行政事務均以迷信爲基礎。當時的初民對於人生現象，如生老病死吉凶禍福等均乏瞭解，也無法可以控制，卻以爲人類的禍福都完全受着神秘力量所支配。在這一個以部落爲主的時代裡，一家之長或部落首領擔任保護全家全族的責任，以防範敵人或野獸等來

侵。但對於老弱病患及殘障者有時不免被部落所殺棄，因爲他們不但被
視爲部落的累贅，甚至被認爲所以如此，乃受了魔鬼的咒詛所致，絕非
人力可以挽救，故而在這個部落時代，可說爲神權所迷惑，完全沒有什
麼社會行政可言。

二、封建時代：

當人類知識逐漸進步，社會生活日趨改善以後，生活技術已由畜牧
進而爲農業耕作。這時最初的農業社會尚是以土地爲基礎，耕者與其所
耕作的土地發生一種不可分離的關係，永遠脫離不開其土地而生活。因
此，土地在當時形成生活上最爲重要的憑藉，只要誰掌握着大批土地，
誰便是當地的統治者。一般庶民只是以勞力從事耕作的被統治者，於是
諸侯貴族們都各受領有一定面積的土地，逐漸以領主或地主的身份驅使
所屬的庶民盡力耕作，在奴隸耕作制與徭役制下維持其一國內的政治地
位與經濟特權。農業社會注重習慣，封建統治尤重於禮儀與宗法，這種
禮儀與宗法卽是統治人羣支配社會的有效權威與有力武器，所以那個時
代，又可稱爲宗法習慣行政時代。不過在封建制度下，至少在理論上，
地主都擔負爲其佃農謀取福利的責任，同時由於宗教興起，於是信仰宗
教成爲行善的強烈動機，專爲不幸的人們解除生活的痛苦，也就成爲宗
教的重要任務之一。

我國在此封建時代裡，也已推行救貧制度。如周禮記載大司徒以保
息六養萬民，一爲慈幼、二爲養老、三爲賑窮、四爲恤貧、五爲寬疾、
六爲安富。同時，大司徒以荒政十二聚萬民，一爲散財、二爲薄徵、三
爲緩刑、四爲弛力、五爲舍禁、六爲去幾、七爲眚禮、八爲殺哀、九爲
蓄樂、十爲多婚、十一爲索鬼神、十二爲除盜賊。這都是周代的重要福
利行政措施。又如禮運大同篇的「老有所終，壯有所用，幼有所長，矜
寡孤獨廢疾者皆有所養。」這四大要項更是我國社會福利行政工作的基

本準則。

三、專制時代:

農業生產隨着工作經驗與智慧運用而日趨改善，生產逐漸增加，商業行為也跟着發達，由於交易往還密切，使封建割據的局面亦為之消失，而產生了統一集權國家。在統一集權的國家內，君主統治人民的方法是武力與官僚制度，以強大軍隊平定各地叛亂，並以使用官僚執行刑罰與收斂稅捐鞏固地位。一般言之，官僚在推行職務時，祇對君主負責，每每不會體恤民意，也不會顧到人民福利。但歷代中有的君主為收拾人心，特別對災荒救濟工作亦能注意及之。例如我國古代有常平倉、惠民倉、社倉、義倉等倉儲制度，在豐收之年儲備糧食，遇有凶歲，用以救助之。又如歐洲，在十六世紀宗教改革時期，德國馬丁路德 Martin Luther 在一次公開演講中向德國基督教的貴族們大聲呼籲，禁止貧民沿街行乞，並在所有教區，組織一個公益金庫，接受金錢糧食衣服等，以救助貧民。瑞士方面於一五二五年亦有類似的救濟貧民計畫，其他如法國、奧地利及斯堪地那維亞半島上諸國亦均先後紛紛發起類似馬丁路德救濟觀念的方案，即由地方負責收集經費，對貧苦病患、殘障者、及孤兒等分配救濟。但教會執事們在救濟的管理上仍扮演重要角色。雖然這些方案承認社會維持貧民的合法責任，但對改變貧苦家庭的社會條件上仍是無能為力。英國於一五三一年首先出現社會立法，即是規定市長及保安官吏，應對其轄區中因不能工作而申請救濟的老人及貧民加以調查，調查後予以登記，並發給執照允許他們在指定地區行乞。該法令係社會對濟貧責任認識的開始，但循規定，須以酷刑對待其他乞丐及流民。至一六〇一年伊莉沙白女王公布一項舉世著名的救貧法案 Poor Law，認定政府對人民負有擔任濟貧的責任，並根據該法案規定，政府開始向地主徵收救貧稅，並由教區義務擔任救貧工作，堪稱為

早期最完備的救濟法案，常為世界其他國家所仿效。

四、民主時代:

產業革命的完成與工商業階級的蔚然興起，乃促成民權革命的重要的因素。民權革命後的民主國家主張自由平等，注意發明與創造及個性發展，國家與政府的責任即在於保障人權，以維護人民的平等自由。所以要「政府要好、干涉要少」的放任政策，使國家與政府的功能，縮減到最小限度。在社會救濟方面，根據放任主義的經濟原理，如亞當史密斯的原富論，主張國家採不干涉私人經濟的政策，以便製造商可在自製產品方面大獲其利，支持亞當史密斯主義的人建議應逐漸減少，最後澈底取消公共濟貧制度。該派最有勢力的代表人物，即為英國經濟學家馬爾薩斯 Malthus，其名著人口論於一七八九年問世，其中主要說明糧食的增加僅按算術級數，而人口的增加則按幾何級數，故農業絕不能維持一個扶搖直上的人口，因此在此種情形之下有藉戰爭、饑饉、及瘟疫等來阻止人口驚人上漲的必要。馬爾薩斯反對貧窮救濟，因救濟將會鼓勵貧民生育更多的子女，影響所及，糧價上漲，使一般勞工階級變得更為窮困。

雖有上述經濟學家反對公共救濟貧民，但另有一派人則站在人道主義及道德立場起來加以反對，其中如蘇格蘭的查姆 Chalmers 在蘇格蘭基爾門某教區，組織私人慈善事業，提倡鄰里救助，他主張對每一申請救助者須嚴格加以調查，非不得已決不接受其申請。他還認為公家及教會普遍設立救濟事業多屬浪費，使貧民恬不知恥，摧毀他們自給的意念，更不能鼓勵樂善好施者隨便解囊相助。因此查姆建議對每一申請救助的貧民必須加以審慎研究，查究其致貧的原因何在，以及自己維持生活的可能性如何？並盡量鼓勵其親屬朋友及鄰居對孤兒、老年人、病患者、及殘障人等多加照顧。如果家庭困難無法獲得解決時應設法尋覓富

人解囊相助，僅在別無他法可想時始由教會提出救助。查姆的這一主張，當時頗受人重視，社會上不少慈善人士對於社會上的不幸者多願予以救助，同時由於自由經濟的愈加發展，使巨富不斷出現，於是私人舉辦的慈善事業更為發達。

五、福利時代：

一般民主法治國家，多有一個主要缺點，就是在於缺乏充分的能力，無法擔當為民造福的積極任務。現代人民固已厭惡專制政府，但亦不歡迎無能的民主政府，因為隨着社會進步，社會上就發生許多社會問題，必須仰賴政府通盤研究解決，加以自由主義和放任政策都足以引起無政府狀態的混亂，更使社會問題日趨複雜，亦非由政府出面作有計畫的處理不可。所以從二十世紀以來，計畫主義乃代替放任主義而蔚然興起，社會化的政策代替了個人主義，警察國家進步為保育國家，民主法治國家實現為福利國家。在這一個福利國家時代下的政府，即不再以權力統治為目的，亦不以立法保障為滿足，進而以專門的科學知能為社會服務，不斷地為人民謀取福利。因之福利國家時代的行政特質：是社會化、科學化、國際化、專業化，諸如就業服務、職業訓練、少年感化、國民住宅等措施，在過去都認為政府可以不聞不問，而現在則不得不向國際看齊，急起直追而積極推行；同時現代政府的行政已不再是簡單、零星、混亂，而是有系統、完整的、相互配合的整體行政。凡是生、老、病、死、衣、食、住、行、育、樂等個人的需要都為政府責無旁貸的職責。要之，社會福利工作到此新的時代，不但已確定為國家應有的責任，同時也已奠定了專業化的地位，成為現代各國政府重要的施政措施，尤在第二次世界大戰以後，各國重建國家，懲於自由經濟時代忽視社會福利所發生的社會混亂，乃對社會福利行政制度的推進均不遺餘力，莫不建立完整的福利體系，並以龐大的經費，大力執行，促使人民

生活得以獲得保障，社會經濟建設獲得均衡發展，整個社會賴以獲得安定，尤有進者，各國政府均不以現有社會福利成就爲滿足，更求進一步提出澈底消除貧窮計畫，要向貧窮宣戰，例如美國一九六四年起，在總統之下，設經濟機會局 Office of Economic Opportunity，卽是從人民基本教育、技能訓練和建設性的協同計畫中動員全國人力物力向貧窮展開總決戰，同時認爲政府再也不能對於貧窮的繼續存在而容忍與坐視。

第三節　社會行政的使命

社會行政以人爲本，原是人本主義的行政，我國古人說：「仁者，人也」，故我國古代的社會行政亦簡稱爲「人政」，或「仁政」，其種種設施皆以人本主義的社會化、福利化爲前提。我國歷代先哲從來卽以「民本」政策爲施政之要，並以「發政施仁」爲王道之始，以使「匹夫匹婦皆得其所」而歸於大同之治。現代的社會行政亦卽以此爲其特殊使命。

社會行政爲欲圓滿達成其特殊使命，必須有賴於各項推進條件的具備，約略言之，應有下列七項：

一、瞭解問題：

瞭解問題爲施政的根據，故在施政之先，須搜集事實的資料，經過整理、研究、及實驗以後，對於制度內容與方法，確認爲有效可行，始可付諸實施。爲欲配合此項需要，應使學術與行政冶爲一爐，加強社會行政的研究與實驗工作。

二、確定政策：

政策爲施政的標準，而社會政策又爲整體的，非局部的。故社會政策的涵義，爲人口、土地、農民、勞工等項的綜合。整個政策的遠大目標與基本原則決定於先，而個別的政策應本於整個政策決定於後。

三、從事立法

立法的意義在使行政設施均有法律的根據，以此實施制度，藉以強化其推行效能。惟須：㈠不採取消極保護式的立法，而採取積極發展式的立法。㈡在整個政策之下，一切立法均須富有彈性，以期適應地方個別需要。

四、統一機構：

機構爲施政的權輿，其客觀要求日趨統一。我國社會行政各種設施，過去向由民間社會團體或私人個別的零星的舉辦，而督導推進的權責亦係分隸於其他行政範圍。抗日戰爭中成立社會部後及遷臺後併入內政部社會司與勞工司後，事實上仍難併一切應有設施於專設機構之內，而專界職權以推進之，於是至今機構紛歧，職權割裂，影響行政效率甚大。在此情形之下，社會行政既不便於統籌運用，尤難整齊步伐，劃一推進。今後改進之道，亟應在機構上力求其單一有力，在職權上力求其專責集中，實屬必要。

五、訓練並任用專才：

科學的社會行政，爲一新興學術，無論一般學理與技術均非常人所能了解與運用，卽使已有此項專才，値茲社會行政設施擴大推廣之際，已有的人才仍嫌太少。今後社會行政主管機構，必須一面與公私教育機關學術團體通力合作，培育社會行政專業人才而任用之；另一面就現有各級社會行政工作人員抽調訓練，界予相當充分的社會行政有關的專業知識與技術，以發揮其才能。

六、寬籌經費：

經費為行政設施的酵母，雖不必期其溢量，但必須適應實際的需要。社會行政設施欲積極展開，經費寬籌，尤為迫切，應一面提高各級社會行政機構事業經費的比例，一面運用社會資源，則經費充裕可期，再加以支配得宜，運用有方，其行政設施自易趨於發展之境。

七、充分合作：

聯繫合作為行政設施本身的要求，無論其為何行政，有其分處，亦有其合處，卽以社會行政而論，在機構以內者，組訓與福利原為一體，卽應以福利為組訓的主要內容，以組訓促進福利的實際效果。二者必須密切聯繫，通力合作，始能達到共同的目的；在機構以外者，則社會行政與其他各項行政亦同為一體，社會行政的範圍為整個人與整個社會及其整個福利設施，其他各項行政，如經濟、教育、文化、衛生等的設施，莫不應交互聯繫合作，共同從事，始克有濟。

綜上所述，社會行政的特殊使命，卽在於推行整體的「人政」與「仁政」，以滿足整個人與整個社會的福利要求，但必須具備其應有的推進條件，始能圓滿達成其使命。

第四節　社會行政的內容

社會行政的淵源，極為久遠。直至近幾十年來，始為人們確定認為獨立的公共行政之一。蓋因社會行政的目的，主要在於消除及預防社會問題，頗收功效。但對於消除及預防社會問題所採取的措施，由於各國歷史背景與社會環境的不同，因而所採取的觀點及其內容亦稍有差異。茲將英、美、日三國社會行政的主要內容，列舉如下，以資比較：

一、英國社會行政的內容:

㈠　國民保險:

1.　生育給付。

2.　疾病給付。

3.　老年給付。

4.　死亡補助金。

5.　寡婦給付。

6.　監護人津貼。

7.　失業給付。

㈡　工業傷害保險:

1.　傷害給付。

2.　殘廢給付。

3.　死亡給付。

㈢　家庭津貼。

㈣　國民健康服務:

1.　一般醫師服務。

2.　醫院或專門醫師服務。

3.　地方政府衛生服務。

㈤　補充給付:

1.　補充年金。

2.　補充津貼。

㈥　家庭所得補助。

㈦　國民住宅:

1.　興建出租住宅。

2. 老年住宅。

二、美國社會行政:

㈠ 社會保險:

1. 老年遺屬殘廢健康保險。

2. 失業保險。

3. 勞工傷害賠償保險。

㈡ 特種福利制度:

1. 鐵路工人保險。

2. 公務員保險。

3. 退伍軍人福利。

4. 信用合作。

5. 國民住宅。

6. 經濟機會。

㈢ 補充安全收入:

1. 老年救助。

2. 盲人救助。

3. 殘廢救助。

㈣ 公共救助:

1. 失依兒童救助。

2. 醫療救助。

3. 一般救助。

4. 社會服務。

㈤ 兒童福利服務:

1. 婦幼衞生。

2.　跛童服務。

3.　兒童福利：

①　無依兒童教養與收容。

②　逃亡與遊蕩兒童收容及遣送回鄉，夏令兒童營地設置與設備。

三、日本社會行政：

㈠　社會保險：

1.　健康保險。

2.　國民健康保險。

3.　厚生年金保險。

4.　國家公務員共濟組合。

5.　勞動者災害補償保險。

6.　雇用保險。

7.　船員保險。

8.　其他保險。

㈡　公共扶助：

1.　生活保護。

2.　保護設施。

㈢　社會福利：

1.　兒童福利。

2.　老人福利。

3.　殘障者福利。

㈣　公共衛生。

㈤　兒童津貼。

㈥　**住宅改良：**

　　1.　公營住宅。

　　2.　住宅金融公庫。

　　3.　住宅公園。

　　從上述英、美、日等三國社會行政的主要內容觀之，分類雖細，但無太大歧異。總之，社會行政的內容應與社會福利服務有關者為主，大致包括以下幾個大項目在內：一、社會保險、二、社會救助、三、福利服務、四、衛生保健。至於其他如勞工行政、國民住宅、社區發展、人民團體等也可酌予納入。

第二章　國際社會行政

第一節　國際社會行政的開始

近一百餘年來，國際關係大有轉變，本來盛行列强武力侵略，並以弱國爲殖民地。迨第二次世界大戰後，國際關係轉變爲倡導國際合作，以保障世界和平，乃創立聯合國。在聯合國憲章的原則下，一面扶助殖民地成爲獨立國家，一面號召已開發國家就經濟方面與技術方面援助開發中國家，以促進全世界社會經濟文化的普遍進步。這樣重大的轉變，其主要力量，大部分來自一九四五年創立的聯合國。在聯合國憲章第卅九條上卽有：爲保障和平，避免戰爭，制止武力侵略的規定。聯合國從此以國際合作方式，積極推動國際社會福利行政工作，於焉開始。有關工作的推動，其主要的依據，在聯合國憲章第一條第二、第三兩款聯合

國宗旨中充分標明，其第二款為：「發展國際間以尊重人民平等權利及自決原則為根據之友好關係，並採取其他適當辦法，以增強普遍和平。」第三款為：「促成國際合作，以解決國際間屬於經濟、社會、文化、及人類福利性質之國際問題，且不分種族、性別、語言、或宗教，增進並激勵對於全體人類之人權及基本自由之尊重。」又在該憲章第五十五條更有進一步指明社會福利行政有關問題的解決：「為造成國際間以尊重人民平等權利及自決原則為根據之和平友好關係所必要之安定及福利條件起見，聯合國應促進：1.較高之生活程度、全民就業、及經濟與社會進展。2.國際間經濟、社會、衛生、及有關問題之解決，國際間文化及教育合作。3.全體人類之人權及基本自由之普遍尊重與遵守，不分種族、性別、語言、或宗教。」

此外，一九四八年十二月十日，聯合國大會通過的「世界人權宣言」Univers Declaration of Human Right 第二十五條特別指明人人生活及母親與兒童均有權享受的保障：「1. 人人有權享受其本人及其家屬康樂所需生活程度，舉凡衣、食、住、醫藥及必要之社會服務，均包括在內；且於失業、患病、殘廢、寡居、衰老，或因不可抗力之事故，致有他種喪失生活能力之情形時，有權享受保障；2. 母親與兒童應受特別照顧及協助，所有兒童，無論婚生與非婚生，均應享受同等社會保護。」

又在一九六九年聯合國二十四屆大會通過的「聯合國社會進步及發展宣言」Declaration on Social Progress and Development，為供各國社會發展實施的參考。該宣言提出應採取的原則、目標、手段與方法」，頗為詳盡，在手段與方法中，尤多社會行政工作方法具體的標明，如第十四條：「舉辦社會進步及發展設計，作為平衡全盤發展設計之構成部分。」……「促進基本應用社會研究 Applied Social research，尤

其應用於社會發展方案設計及執行之比較國際研究。」第二十四條：「加緊國際合作，以期確保關於社會進步及發展之情報知識及經驗之國際交換；在互相有利及嚴格遵守與尊重國家主權之基礎上，進行可能最廣大之國際技術、科學及文化合作，並互相利用經濟及社會制度不同及發展水平不同國家之經驗。」

第二節　聯合國社會福利的推進

聯合國創立後，依照上述憲章第五十五條所規定的任務，卽以社會福利推行國際政策與技術協助為工作對象。 在經濟社會理事會 Economic and Social Council 之下，於一九四六年，設立社會委員會 Social Commission，開始致力於家庭、兒童、青少年等福利工作，以及一九四六年聯合國大會決議將臨時性的聯合國善後救濟總署結束後在社會福利方面所移交過來的緊急救濟工作。後來在一九四六年至一九五〇年期間，優先被考慮的是受戰爭毀損的多數歐洲國家及各工業化社會所實施的社會福利設施。嗣後數年，若干亞非新興國家相繼獨立，為滿足各新興國家的需要乃獲得最優先的考慮。聯合國每十年推行一個「十年發展計畫」U. N. Development Decade，第一個十年發展計畫，自一九六一年至一九七〇，第二個十年發展計畫，自一九七一年至一九八〇年。在聯合國第一個十年發展計畫進行中，經社理事會重新估量社會福利方案，努力謀求將聯合國在社會方面的活動儘可能有效地集中於各發展中國家的優先需要，同時亦由於重新評估社會委員會的任務與工作方案的結果，決議擴充社會委員會的責任範圍，着重於全盤社會發展政策及統合發展策略中的社會部門，遂改名為「社會發展委員會」Commission for Social Development, 成爲經社理事會制訂各種社會福利政策及推進國際社會福利行動作準備工作的機構。在一九六八年以前的十年間，我國亦當選爲該會委員，每年均派代表出席會議。

此外，聯合國秘書處內，有主管社會事務的行政單位，即爲經濟及社會事務局 Department of Economic and Social Affairs 下的社會發展司，約工作人員五十人，分設社會設計，社會調查、區域與社區發展、社會防護、社會福利服務、傷殘重建等六組。該司曾出版多種社會福利行政在各地區實施原則有關書籍。

在區域階層方面，在世界分四個地區經濟委員會的秘書處內，均有主管社會事務的單位，其職掌範圍與聯合國總部秘書處的社會發展司相同，包括經濟開發、社會福利、社區發展及技術協助等項。各區工作人員不一，亞洲及遠東經濟委員會 ECAFE 有八人，非洲經濟委員會 ECA 有七人，拉丁美洲經濟委員會 ECLA 有七人，駐日內瓦的社會事務辦事處有五人，駐貝魯特的經濟及社會事務辦事處有四人。

聯合國總部的秘書處的工作，頗爲重要，包括政策研究、社會狀況調查、出版與對會員國的支助，皆與各區域的社會事務主管單位配合進行，其中最主要的爲技術協助 Technical Assistance, 如 Expert 的派遣、Fellowship與Scholar-ship的設置、Seminar Workshop Training Symposium 及 Study-Tour 的倡辦，Conference 的召集等皆是。本來最初是臨時試辦性質，但到一九五〇年後，此一技術協助變成永久性質，由聯合國預算中列爲專款辦理，於是「經常技術協助方案」，逐步擴充。另一「技術協助擴大方案」，於一九四九年八月十四日經社理事會決議設立，規定了聯合國及各政府間組織的專門機構在該方案下給予各發展中國家協助所應根據的準則，目標爲依照憲章的精神：「促進其經濟與政治獨立……並使其全體人民達到經濟與社會福利之較高水準。」

擴大方案係依釀集各國與各專門機構志願捐款爲財務基礎，到一九五九年常年經費總額達三千餘萬美元，其中用於社會福利與社會安全的技術協助款項百分比逐年提高，一九五五年至一九五九年爲百分之一，一九六〇年至一九六五年爲百分之十四。又另一方案「特別基金」，亦於一九五八年決議設立，目的在資助發展中國家促進其對經濟發展能早日發生影響的大計畫，一九六〇年特別基金近四千萬美元，一九六六年增至一億美元。是年特別基金與技術協助擴大方案合併成爲「聯合國發展方案」U.N.D.P.，金額繼續增大，一九六八年增爲一億八千三百萬元，其中三分之一屬於技術協助部分，三分之二屬於特別基金部分。上項技術協助，對發展中國家培養人才，增進社會福利工作人員的觀念與技術，均幫助甚大。單就我國言，自一九五〇年至一九七一年的廿二年間，內政部社會司就聯合國技術協助項下所遴選保荐出國研究、考察或參加 Seminer、Workshop、Training、Symposium、Study Tour 的社會工作幹部人員就約一百人，他如衞生、勞工、教育、公共行政、經濟建設各部門所荐選的尚不在內。又如我國社會行政方面創辦的中華民國社區發展研究訓練中心及勞工行政方面創辦的中華民國職業訓練協會，以及附屬的職業訓練示範中心，都一樣是獲得聯合國發展方案的資助而完成，開辦之初，聯合國還各派一批專家以技術協助的名義來華指導，均已奠定良好的規模。

　　聯合國的組織系統，頗爲複雜，其附屬機構甚多，除已述的國際勞工組織 ILO 與聯合國難民事務高級專員公署二機構外，茲擇過去與我國有密切關係的聯合國兒童基金會的工作情況，略加敍述。

　　按聯合國兒童基金會 United Nations Child Funds (UNICEF)，成立於一九四六年十二月，爲聯合國經社理事會附屬機構之一，其主要工作目標，最初係協助大戰後各國救助受戰爭影響的兒童，嗣後擴展其

工作爲兒童健康、營養、福利、教育、職訓等。經費來源是由各參與國政府及人民捐助，或以出售聖誕卡等所得而來，其援助對象不因種族、政治、信仰而有歧視，但計畫須由國家提出，並規定一切援助須有地方人士參與，由地方設計及執行。援助物品以器材、設備等實物爲主，因其成效卓著，曾榮獲一九六五年的諾貝爾和平獎金 Nobel Peace Prize。在抗日戰爭期間，該會已至我國上海設置辦事處，至臺灣光復後，辦事處改設於臺北。初期致力於協助我國政府推行結核病、天花、砂眼、寄生蟲預防、婦幼及學校衞生等工作。一九六二年與我國訂定兒童社會服務計畫，長期補助農村托兒所遊樂器材、保育人員專業訓練及營養物質等費用，對我國基層兒童福利工作的發展確有莫大的幫助。在一九七三年前幾年，該會召集各有關機構代表，組織教育、衞生、社會的巡廻督導團，定期赴各地實地瞭解及指導業務，並支援兒童少年發展策進委員會召集全國性研討會、及編撰有關兒童福利的專題研究報告等，無形中帶動了統合教育、衞生、及社會三方面力量，共同推動我國兒童福利工作。從一九五〇年至一九七二年的二十三年期間，該會在我國臺灣地區，共資助的工作計畫二十個，總金額爲一千五百六十四萬九千四百美元之多，可以概見協助我國的一斑。

第三節　政府間的區域性組織

除上述聯合國組織外，國際之間還有若干政府間的區域性組織，亦大多致力於社會的和經濟的區域合作工作爲目標，我們也必須加以研究的必要，玆列舉其主要的一部分區域合作組織如下：

1. 歐洲共同市場 European Common Market，又稱爲歐洲經濟

組織 European Economic Community。這是二次大戰後由法國發起組設的經濟性與社會性組合，於一九五八年成立，會址設在比利時的首都布魯塞爾 Brussels。最初的會員國爲: 法國、西德、義大利、荷蘭、比利時、盧森堡等六國。廿多年來，成效卓著。一九七三年又有丹麥、愛爾蘭、英國等加入，一九八一年，希臘也加入。各國在社會福利方面，決定共同市場的現有機構，在一九七四年一月以前制定共同政策，以促進各國在職位、職業訓練、改善工人工作與生活條件上，有統一步驟，並及早完成歐洲集體合作規章的訂定。

2. 歐洲議會 Council of Europe: 西歐各國在二次大戰後，爲維護社會主義，促進國際和平，共謀政治與經濟合作，早有成立「歐洲聯邦」的構想。至一九四九年五月五日，歐洲議會根據倫敦條約，創設於法國史特拉斯堡 Strasbourg，迄一九六九年底，已有十八個會員國參加。一九六一年十月十八日在義大利托里娜 Torino 簽訂一個歐洲社會憲章 European Social Charter，自一九六五年二月十六日起生效。該憲章共列舉十九項基本權利，其中有關社會安全者六項，卽: 受健康保護之權利、受僱者及眷屬一律享有社會安全之權利、受社會及醫療救助之權利、受社會福利事業給付之權利、身心殘障者受職業訓練、社會復健，社會救濟之權利、家庭受社會、法律及經濟保護之權利、婦幼受社會、經濟保護之權利等。至一九六四年四月十六日又有歷經九年長期反覆討論的歐洲社會安全法典 European Code of Social Security，終於由部長委員會議審查通過。該法典共十四章八十五條，其編體內容，無異於 ILO 的第一〇二號社會安全最低標準公約的翻版。依其條文主要規定，包括保險項、被保險人、給付標準、批准條件等四部門。要之，這兩大文件，同爲歐洲議會執行社會福利政策的主要依據，都已有效的配合實施。

3. 歐洲移民委員會: 該會特別注意於有關移徙難民各個階段, 卽從準備、移徙至重新定居的各項社會福利工作。

4. 阿拉伯國家聯盟 The League of Arab States (L.A.S): 一九四五年三月廿二日, 位於中東的埃及、伊拉克、約旦、黎巴嫩、沙烏地阿拉伯、敍利亞、葉門等七國, 爲增進彼此的合作而成此一聯盟。其後加入的有利比亞、蘇丹、摩洛哥、突尼西亞、科威特、阿爾及利亞、南葉門等國。在一九五〇年代, 該聯盟曾召開關於社會福利各方面問題一系列的講習會, 對於社會福利政策、社會立法、與職業訓練等問題, 均有相當深入的研究。

5. 北歐理事會: 乃在促進斯堪底那維亞各國間友好關係, 依照互惠原則, 協調社會福利政策, 取得互惠利益方面所作的努力頗多。

6. 美洲國際組織: 係美洲各國間的國際組織, 多年來合作密切, 在社會福利方面, 如社區發展、家庭及兒童福利、婦女福利訓練等, 都訂有共同行動方案。

7. 亞太理事會 Council of Asia and Pacific: 係遠東太平洋區域國家的聯合組織, 我國亦參加爲組成分子之一。該會以經濟社會文化方面的區域合作爲目標, 理事會設於東京, 在漢城設有亞太社會文化交換中心, 在臺灣設有蔬菜推廣中心。

8. 東南亞國家協會 Association of South-East Asian Nations: 一九六八年八月八日在曼谷成立, 最初由泰、菲、馬三國組成東南亞協會, 六年後加入印尼及新加坡, 組成新的東南亞國家協會, 五國發表一項七點的聯合宣言, 申明合作加速此一區域內經濟成長, 社會進步和文化發展, 但實際上成就很少。

9. 東南亞技術合作理事會 Council for Technical Cooperation of South-Asian: 又稱可倫坡計畫 Colombo Plan, 爲促進南亞及東南

亞國家經濟發展，於一九五○年元月，澳洲、加拿大、錫蘭、印度、紐西蘭，和英國等外長，在可倫坡集會時提出，至一九五一年七月一日正式成立，每年在某一會員國開會，提出政策性計畫。一九五○年五月，在雪梨會議上，設立技術合作理事會，籌劃各種技術合作項目，並籌措基金，資助個別國家經建發展。現會員國包括本區域內的阿富汗、不丹、緬甸、高棉、斯里蘭卡、印度、印尼、伊朗、南韓、馬來西亞、寮國、馬爾他共和國、尼泊爾、巴基斯坦、菲律賓、新加坡、泰國、越南等，以及區域外的澳洲、英國、加拿大、日本、紐西蘭和美國等。曾將其工作範圍逐漸推廣到有關人力政策的社會福利方面，包括經濟合作與發展組織，對邊緣羣如老年工人、殘廢工人、及工作母親等亦包括在內。

10. 非洲團結組織：二次大戰後，非洲各地紛紛獨立建國，形成世界國家數最多的一洲，乃組成非洲團結組織，特別關注於非洲大批難民移動所造成的政治問題與社會問題，在社會福利活動方面則做得很少。

第四節　非政府的國際志願組織

我國退出聯合國及國際勞工組織等，雖已多年，但對該等組織的活動及其對於世界社會福利工作的推進，我們專門研習社會工作者仍不可不繼續關注。除此之外，近年非府政的國際志願組織，頗爲發展，這更是我們現階段應該多加聯繫，善爲運用的國際合作對象，玆特擇其與社會福利有關者，分別列舉如下：

1. 國際社會福利協會 International Council on Social Welfare.

2. 國際社會安全協會 International Social Security Association.

3. 國際社會工作人員聯盟 International Federational of Social Work.

4. 國際社會工作學校協會 International Association of Social Work Schools.

5. 國際就業安全協會 International Association of Personnel in Employment Security.

6. 國際兒童福利聯盟 International Union for Child Welfare.

7. 國際老人協會 International Federation on Aging.

8. 國際社會服務社 International Social Service.

9. 國際家庭組織聯盟 International Union of Family Organizations.

10. 國際家庭計畫聯盟 International Parental Planning Federation.

11. 國際合作聯盟 International Cooperative Alliance.

12. 國際自由工會聯合會 International Confederation of Free Trade Unions.

13. 世界退伍軍人聯合會 World Vetrans Federation.

14. 國際傷殘重建協會 International Society for Rehabilitation of the Disabled.

15. 國際工業關係協會 International Industrial Relations Association.

16. 天主教國際社會服務聯合會 Catholic International Union

for Social Service.

17. 基督教世界社會服務總會 Christian World Social Service.

18. 基督教兒童福利基金會 Christian Children's Fund Inc..

19. 國際發展社 Society for International Development。

20. 國際兒童村 International Safety of Soul Children's Village.

21. 國際扶輪社 Rotary International.

22. 國際獅子會 International Association of Lions Clubs.

23. 國際青年商會 Junior Chamber International.

24. 國際同濟會 Kiwanis International.

25. 國際崇她社 Zonta International.

以上列舉廿五個著名的國際志願組織，其中大部分在我國設有分會，茲特擇其較有重要關係的十個組織，作稍詳的說明：

1. 　國際社會福利協會 ICSW：

該會於一九二八年七月在海牙召開第一屆大會，並正式成立。當初發起人是比利時名醫雷尼桑德 Rene Sand，鑒於社會工作對因社會變遷而發生的問題所作的貢獻應加推廣促進，乃邀集各國熱心公益人士和專家學者，組成「國際社會工作協會」。其後為配合社會發展的需要，於一九六六年在華盛頓舉行第十屆大會時，擴大其意義與範圍，更名為「國際社會福利協會」。該會係一獨立性、非政府、非政治、非宗教的永久性國際團體，由各國家委員會及各非政府國際團體會員所組成，且為聯合國經社理事會、聯合國教科文組織、世界衛生組織、聯合國兒童基金會、國際勞工局、歐洲理事會、泛美聯盟等的諮詢單位。該會的宗旨，係以服務人羣的態度，專門從事研究人類社會的發展趨勢、變遷過程、以及因變遷而發生的種種社會問題與社會需要的非政治性的學術團

體。該會每兩年在世界不同國家的都市舉行世界性會議，啓發研討對社會福利的新觀念、新目標與新的執行方法，以促進社會發展，保障人類福利。至一九七四年止，該會有七十三個會員國及廿三個國際性民間組織。國際社會福利協會中國委員會，係於民國五十六年十月成立，於五十七年在芬蘭赫爾辛基第十四屆大會時，正式加入國際社會福利協會，翌年八月經總會正式批准爲其會員國之一。我國委員會現有團體會員一百十一個，贊助會員一百六十九人，均爲我國社會福利事業單位或專家學者。每兩年我國均組團出席世界性會議，提出國家報告書，並研討重要主題，表現良好。

2. 國際就業安全協會 IAPES：

該會由美國就業安全工作人員聯合加拿大同業發起，於一九一三年成立。由於七十年代初期，各國對人力規劃與運用特別重視，就業安全涵義亦隨之擴大，其主要內容包括就業服務、職業訓練、失業保險及人力規劃，故該會的目的及會員範圍亦於一九六三年修訂擴大。該會總部設於美國肯塔基州 Kentucky，會員約三萬餘人。依照會章規定，美國各州及加拿大各省均設分會，其他各國設一分會。我國分會於民國五十四年八月一日成立，原有會員約四百人，曾多次派代表赴美參加總會的年會活動。近我國分會，經整理會籍，會員增至一千餘人。該協會的目的，在於促進世界就業安全工作的發展，許多國家自第一次世界大戰以後，即在該協會的協助下，逐漸建立各國的就業安全制度，貢獻頗大。

3. 國際自由工會聯合會 ICFTU：

簡稱國際自由工聯。世界各民主自由國家爲反對共產黨極權暴政，於一九四六年九月在日內瓦舉行國際自由工聯發起人會議，我國全國總工會亦派代表參加會議，並列爲基本發起單位之一，旋於同年十二月

間，又出席其在英國倫敦召開的第一次世界大會及成立大會，我國當選為執行委員。卅餘年來，我國全國總工會代表始終出席其各種會議外，並不斷參與一切活動，因與該會經常聯繫，互相合作密切，故對我國反共立場，均予支持。該會於一九五一年，在亞洲成立亞洲區會 Asian Regional Organization, 我國全國總工會復派代表參加區會組織，參與一切會議與活動，並當選執行委員及副主席等職務。因亞洲大半為貧困地區，遭受共產主義禍害最深，故能彼此休戚相關，更能團結，共同維護民主自由工運，致力反共工作，予我支持尤多。自一九六二年起，國際自由工聯在工會教育方面，先後經由其亞洲區會、亞洲工會學院，以及近設的計畫教育局等，協助我國推行工會教育，計共舉辦國際班一班，區域班二班、國內班卅四班，受益者共計九三三人。班次性質，計包括幹部領導班、高級研究班、專題講習班等，均蒙總會或區會指派專人前來我國主持及協助，並駐班授課，對我國工會教育的成長，頗有貢獻。

4.　基督教兒童福利基金會 C.C.F.:

一九三七年中日戰爭期間，在華美籍傳教士，以緊急措施救助大批在炮火中失散的兒童，當時美國國內熱心人士，在克拉克博士 Dr. J. C. Clark 與盧艾加博士 Dr. Edgar Rue 的共同呼籲下，適時響應，發動募捐，並成立「中國兒童基金會」China's Children Fund。戰後，該會擴大服務範圍，成為一世界性的組織，並更改為今名，總會設於維吉尼亞洲芮治蒙市 Richmond。目前全世界設有二十個分會，在六十多個國家和地區幫助三十萬名兒童，透過認養制度 Sponsorship, 提供下列服務：①貧童的物質援助與照顧；②失怙兒童的心理及情緒重建；③提供兒童成長所需的溫暖環境；④提供兒童生活、精神及道德的訓練。該會在臺灣設有分會，自一九五〇年開辦第一所育幼院，迄今三十餘年

已設四所, 二十三個家庭扶助中心, 並輔助十處山地學生中心以及十餘所私立育幼機構。目前仍有一所育幼院與二十一個家庭扶助中心, 扶助貧童一萬二千餘人。臺灣分會於一九八五年七月起自立, 已於一九八三年四月四日更名為中華兒童福利基金會, 會址在臺中市民權路二三四號。

　5. 國際兒童村 S.O.S.:

　這是由漢門曼諾博士所創, 在第二次世界大戰時, 他目睹戰時孤兒和難童的慘狀, 立志協助喪失家庭及母愛的孤苦兒童, 乃於一九四九年在奧地利鐵洛兒省茵姆士特鎮 Imst, Tirol, 建立第一所小家庭式的國際兒童村, 收容失依失怙的兒童, 使他們重獲家庭的溫暖。按 SOS, 原為國際海員請求急救的信號, 國際兒童村用 SOS 信號, 其用意為「拯救孩子們的靈魂」, 也就是說國際兒童村以拯救孩子們的靈魂為宗旨, 其目的在使無依孤苦的兒童得到溫暖的家庭、衣、食、母愛及友愛, 成為有感情的人, 以彌補孤兒心靈上的創傷, 進而使他們成為社會上有用的人。經費的來源賴四百萬以上會員的會費及熱心人士的捐贈。這是一個非政治、非宗教的獨立組織, 為民間所辦理的社會福利事業。目前全世界共有一百零八個國際兒童村, 遍及五十餘國。總會為世界兒童福利聯盟, 結合國際志願社會工作委員會及聯合國兒童基金會的會員。臺灣國際兒童村於一九七二年成立, 設於桃園縣楊梅鎮過嶺村, 排行世界第九十六村。

　6. 國際扶輪社 R.I.:

　這是由美國青年律師保羅哈理斯 Paul Harris, 於一九〇九年在芝加哥創立, 原名 Rotary Club, 後來擴及美國各城及歐洲各國, 一九二三年時, 幾已遍佈全球, 乃改稱國際扶輪社。據一九六二年統計, 在一二八個國家內有一一三〇二個扶輪社, 社員總數逾五十萬人, 經過多年

的發展，至今數字更多。該社的總部，在美國伊利諾州艾凡斯頓 Evan-ston, Illinois. 該社的宗旨爲：①增廣交遊，以擴展服務的機會；②在各種職業中，提倡高尚的道德標準；③社員須以服務精神，從事社會生活；④聯合各國職業人士，基於社會服務的理想，增進國際間的友善。該社的服務爲：①社務服務；②職業服務；③社會服務；④國際服務。其中的社會服務，卽指社員對當地社會的關心和協助他人，如社會福利、社會救助、傷殘服務、消防安全、環境衞生、及助學金等，均頗需要。我國第一所扶輪社，在民國八年成立於上海。臺灣則於民國卅七年成立，會務頗爲發達

7.　國際獅子會 IAOLC：

這是由美國茂文鍾士 Melvin Jones，於一九一七年在德克薩斯州 Texas 發起創立，逐漸擴及全世，現一百六十一個國家和地區有其組織。該會名稱由英文 LIONS 五個字母倂成，並代表該會宗旨，卽 Liberty、Inteligence、Our、National、Safety，含有崇尚自由、運用智慧、服務國家、促進安全五種意義在內的社會服務組織。該會的服務範圍，頗爲廣泛，除獅友之間的互相支援外，對當地的敎育、文化、交通、建設、衞生、福利、安全、救助等，無不積極去做。該會的總會，現設於美國伊利諾州的芝加哥。我國於民國十五年在天津市卽設有該會的分會。臺灣的分會，也有三十多年歷史，會務蓬勃，各地分會早已超過一百單位，社員數萬人。總會與分會之間分區，臺灣與香港同屬於第三〇〇區，每一區設有監督及執行部，會員以工商界及自由職業人士爲主體，每一會員均能表現優良傳統的精神。

8.　國際靑商會 JCI：

美國亨利葛森宓 Henry Cissebier 於一九一五年創建，聯合靑年人爲改善社會，提高人類福利而努力。初名「靑年勵進會」Young

Men's Progress Civic Association, 後經數度易名，於一九四四年正式宣布成立國際青商會，其宗旨為啓發青年才智，結合有志青年力量，以促進人類生活、社會經濟及精神文明的發展。它以透過各種活動，訓練會員領導才能，增進其辦事能力與經驗，提高其公民責任感，期能擔當重任，服務社會，造福人羣，進而促進國際間的友誼和瞭解，間接協助政府建立自由繁榮、和諧、進步的社會與世界。由於其宗旨正確，備受各界重視。會員不分宗教、國籍、種族、職業，凡是十八歲至四十歲的青年優秀分子，均歡迎入會，以工商業人士為最多。目前國家分會有八十一個，地方分會有一萬個，個人會員有四十二萬五千餘人。我國的青年商會總會係於一九五三年成立，以後陸續在臺灣各縣組織許多分會，發展頗速。歷年由總會選拔「十大傑出青年」表彰，對從艱苦奮鬥的青年，頗收鼓舞之效。民國七十二年十一月第卅八屆國際大會即在臺北市召開，盛況空前。

9. 國際崇她社 ZI:

這是結合職業婦女的領袖分子，以從事公民義務與社會福利服務的組織，於一九一九年十一月八日在美國紐約州布法羅 Buffalo 城創立，初名 Confederation of Zonta Clubs，至一九三〇年，各州社員集會於西雅圖時，始易成今名。到一九六三年，已有四六〇個社，包括一七〇〇〇社員，分布於二十個國家，至今自然更加增多。總社設於芝加哥。臺北崇她社是一九六三年十月十七日成立的，其他地方如高雄市、新竹縣、臺北縣及臺中市等，已有分社，都有顯著的工作表現。

10. 國際同濟會 KI:

又名 Kiwanis Club 吉瓦尼斯俱樂部，所謂 Kiwanis，係來自北美的印地安語，意即「讓自己給人知道」，鼓勵人們社交活動。該會由商界人士及醫師律師等專職人員，於一九一五年一月廿一日在美國密西

根州底特律城組織成立，逐漸形成一種社交或社區服務團體，發展迅速。至一九五六年在美國及加拿大已有四千二百個此種俱樂部，共有會員二十五萬人。他們的服務項目很廣，主要包括職業輔導、社會福利、公共事務、及工商組織等。該會會員的座右銘爲「我們創設」We build。目前總會設在伊利諾州的芝加哥。該會在我國也頗有發展，省市及各主要城市，均有分會，會員數千人，從事各種社會服務，每年舉辦「十大傑出農家」選拔，對農民頗多鼓舞。

第三章 各國社會行政

第一節 英國社會行政

一、英國社會行政的演進:

英國是世界各國中，實施社會福利行政較早，亦較完善的一國，其行政計畫的周詳、體制的完備、設施的進步，均爲世人所樂道。我們可從其社會福利行政的演進說起，藉見其社會福利行政逐漸發展的經過。

英國的社會福利行政，係從英皇愛德華三世 Edward III 頒布的第一個救貧法案（The Poor Law Act of 1338）開始，該法旨在限制人口移動，以免引起救貧支出的快速增加。一三四九年又頒布有關救貧法令，嚴格限制遊民到處乞食，規定凡體力健壯者須從事生產工作，並禁

止民衆對體力健壯者任意施捨，違反者處以刑罰。

一五三一年，英皇亨利八世 Henry VIII 接位，也頒布救貧法令，規定年長及貧窮者得在指定區域行乞。

至英女皇伊莉沙白 Queen Elizabeth 執政後，先在一五七二年頒布增加救貧經費稅收的法令，一六○一年更頒布著名的救貧法 The Poor Law，正式承認政府有救濟貧民的責任，確定政府救濟行政工作的基礎，該法的主要內容規定，爲：㈠、由地方分區辦理救貧工作，向區內居民、地主、教會等徵收救貧稅；㈡設立貧民習藝所，強迫有工作能力的貧民參加工作，以工作換取救濟金；㈢對無力工作的貧民，設立救濟院以收容，給予所需糧食、衣物等用品，嚴禁其在外行乞遊蕩；㈣規定人民均負有扶養救濟其家屬的責任。該法曾經多次重大修正，一直都是英國社會福利行政的主要依據。

迨十八世紀，英國發生工業革命，使整個經濟生產及社會結構帶來了極大的變化。在生產方式上，資本家鼓吹自由放任的經濟制度，以便於其拓展經濟能力，但卻助長社會上貧富之間懸殊的差距，以致貧窮戶和勞工家庭的生活水準均未能有所改善。此時正值放任主義思潮高漲之際，政府的權力大受其限制，結果使社會不僅未蒙其利，反而大受其害。舊有的救貧法案救濟模式，仍維持淪爲貧民是個人責任的觀點，認爲救貧工作仍應以懲罰貧民爲主，由於如此強調個人主義的後果，便無法降低社會貧窮問題的嚴重性，而且更加使民衆依賴救濟的心理，促使貧民人數大量增多，而且救貧稅收也就加重，納稅人不勝負荷。在此種種壓力之下，政府不得不爲了更積極的保障大衆的福祉，乃在十九世紀末葉，對社會福利工作加以注重而有重大的轉變。

事實上，促成十九世紀末葉，政府積極的介入社會福利工作，有其三項主要近因：第一、學者專家中如 Henry George. William Preston

等利用實證分析方式，發現工業革命並不能消除貧窮問題。第二、維多利亞女皇 Queen Victoria 擴張海權與拓展殖民地，使其有更豐富的資源供應較廣泛的社會福利事業。第三、一九○五年時政黨改組，自由黨有鑒於傳統的救濟方式無法適應日益嚴重的社會問題，乃提出一連串的社會福利改革方案，如一九○六年的餐食供應計畫、一九○七年的學童健康檢查辦法、老人年金法、一九一一年的勞工健康及失業保險法等。

　　由上所述，可知英國各項社會福利設施，在廿世紀之初，業已具備「福利國家」The Welfare State 的雛形。當然，各種新的社會福利設施的立法仍在繼續不斷邁進，至第二次世界大戰以後，更促使英國發展成爲舉世實現福利國家理想的第一個健全的福利國家。在此期間陸續公布的重要的社會福利立法，卽是現行社會安全設施所依據的各種立法，均已於一九四八年七月五日起付諸實施，計有：一九四五年的家庭津貼法 Family Allowance Act、一九四六年的國民保險法 National Insurance Act、一九四六年的工業傷害保險法 Industrial Injuries Act、一九四六年的國民健康服務 National Health Service Act、一九四八年的國民救助法，該法於一九六六年十一月廿八日起，改稱補充給付制 The Supplementary benefit scheme。

　二、英國社會行政的近況：

　　英國現行的社會福利行政所涵蓋的工作範圍，極爲廣泛，舉凡從出生到死亡的人生過程中，社會上每一個成員均被成爲其服務的對象，卽一般所謂「從搖籃到墳墓 From Cradle to grave」的生活保障，就是英國社會福利行政所欲達成的工作目標。近年來英國社會福利行政工作的主要內容，可分爲下列五大項言之：

　　㈠、社會安全：包括家庭津貼、國民保險、失業保險、工業傷害保險、國民救助（已改補充給付制）、家庭所得補助等。

㈡、國民健康服務: 即免費醫療服務，包括一般、牙科、眼科、醫院與專科醫師、及地方性等醫療服務。

㈢、教育福利: 包括免費餐點、免費書籍文具、及健康檢查等服務。

㈣、住宅福利: 包括住宅興建、購屋貸款利息免稅、房租補助、低收入國宅出售或出租等。

㈤、一般福利: 包括老人福利、兒童福利、青少年福利、殘障福利等。

上述五大項社會福利行政工作中，教育福利、住宅福利和一般福利三大項均由中央地方政府及住宅部 Department of Housing and Local Government、教育及科學部 Department of Education and Science 分別主管及負責執行。至於社會安全及國民健康服務則由健康及社會安全部 Department of Health and Social Security 主管及執行。

三、英國社會行政的組織:

目前英國的社會福利行政主管機關，實際上為中央的健康及社會安全部（簡稱 DHSS）。該部主管分社會安全制度 Social Security System 及國民健康服務 National Health Service。本來在一九四六年英國國會通過國民保險法 National Insurance Act 時，規定中央設立國民保險部 Ministry of National Insurance 主管國民保險事宜。一九六六年又通過「社會安全部法」Ministry of Social Security Act, 乃改組國民保險部為社會安全部，同時將原有的國民救助制度改為補充給付制 The Supplementary Benefit Scheme, 改設為補充給付委員會 SBC 於社會安全部之內。一九七三年又將健康部 Ministry of Health 與社會安全部合併，於是成為目前的行政組織型態。茲將該部及地方行政組織的大概情形，簡述如下:

㈠、中央社會福利行政組織:

英國中央健康及社會安全部的最高主管，為主管社會服務的國務大臣 The Secretary of State for Social Service，係內閣閣員之一，與其他廿名閣員共議國家大事，並須是下議院 The House of Commons 的議員，故他應向其選區選民負責,並須支持黨的決策。他之下有一執行部長 Minister of State 以及兩位常務次長 Junior minister。執行部長輔佐國務大臣處理健康及社會安全部務，兩位常務次長分別主管健康事務與主管社會安全部務。兩位常務次長之下，有六位副次長 Deputy Secretaries，其中兩位負責社會安全行政，一管國民保險及戰爭年金，一管補充給付及地方機構督導;三位負責健康行政，一管健康及社會服務發展，一管健康服務的人事，一位主持健康及社會服務的運作，另一位負責地方社會服務的監督。該部員工近七千人，都在兩位常務部長的指揮下工作。此外,該部尚有專業部門 Professional divisions 及諮詢系統 Consultative system，他們是由本部以外的專家與利益團體代表組成，擔任顧問 Advisory 角色，提供建議，解決問題。茲列舉該部所轄健康部門及社會安全部門兩種行政組織體系圖如下:

㈡、地方社會福利行政組織:

英國中央健康及社會安全部的職權範圍，於一九七四年時，並未統一涵蓋全國各地區，例如社會安全方面並未涵蓋全英，北愛爾蘭就不在其管轄之內，而蘇格蘭與威爾斯 Wales 則將健康及社會服務由不同的部門來辦理。蘇格蘭的國民健康服務是由家庭及健康部來承辦，而個人社會服務則屬教育部。威爾斯的健康及福利服務，從一九六九年起卽由威爾斯局 Welsh Office 承辦，還兼辦住宅及地方政府事務。北愛爾蘭則將健康、社會安全、個人社會服務都歸於健康及社會服務部，只有英格蘭是三者合一於健康及社會安全部之下主管。在地方行政方面，英格

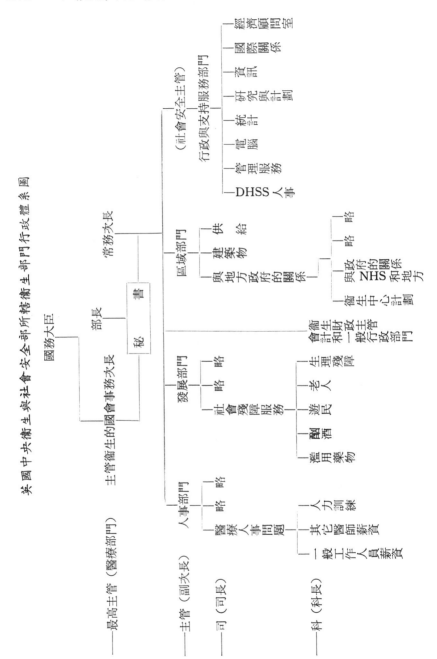

英國中央衛生與社會安全部所轄衛生部門行政體系圖

英國中央衞生與社會安全部所轄社會安全部門行政體系圖

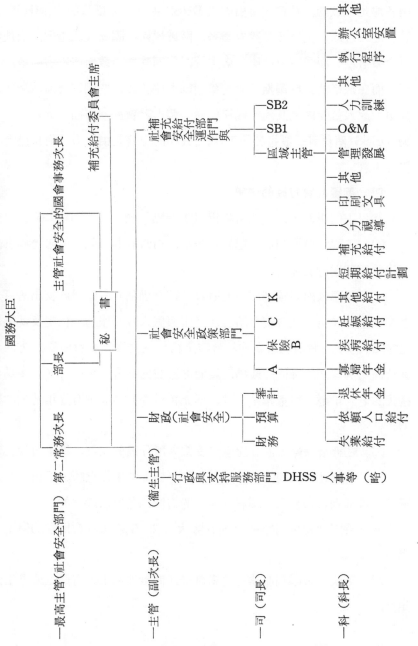

蘭各地是一致的，社會安全由中央 DHSS 主管，北愛爾蘭由 MHSS 主管。健康行政，英格蘭是雙層體系，區域機構由國務大臣指揮，而地區健康機構則一面受區域健康機構主管，一面受地方政府或都會區政府指揮，而在蘇格蘭、威爾斯及北愛爾蘭則有些差異，它們沒有區域層級，健康行政人員受區域及地區機構任命。個人社會服務方面差異很大，中央 DHSS 僅負責一般指揮的工作，實際的服務是由地方政府自己有權決定主管。

四、英國社會行政的借鏡:

從以上的研討中，我們可獲得以下幾點認識:

㈠、英國社會福利制度已施行多年，相當有其成效，但未達到有效解決貧窮問題的目標。

㈡、英國政府對福利服務的財政負擔，仍佔其每年財政支出的百分之五十左右（包括社會安全給付、健康與個人福利服務、住宅及就業服務等四大項）。政府在繳費的社會安全給付（主要為社會保險）方面，其負擔比例有逐年降低的趨勢，反而非繳費的社會安全給付（主要為非繳費的老人年金、兒童津貼給付、補充給付等）方面則有逐年增加的趨勢。

㈢、在社會保險方面，雇主和受僱者所分擔的比例，逐年增加。

㈣、英國社會福利的發展，並未降低工人的工作意願。這對一般人認為社會福利容易形成「福利依賴」的看法，是無法成立的。

㈤、英國社會福利服務的逐年擴大，並未降低社會民眾的儲蓄比率。

㈥、英國社會福利服務，並未直接或間接鼓勵工人有罷工或怠工的傾向。

第二節　美國社會行政

一、美國社會行政的演進:

美國社會福利的發展，雖較西歐各國為遲，但美國各州及地方政府早已採行有關人民生活保障、健康服務等行政措施，例如麻州於一八六三年的慈善局 State Board of Charities、一八六九年的衞生局 State Board of Health，其他地方也先後設立衞生、警察、消防等機構、以及救濟院與精神療養院等。一九〇〇年時，各州多頒保護童工立法、強迫學齡兒童接受教育；一九一〇年左右，少數幾州設立免費職業介紹所；一九一一年大多數州政府通過公營事業員工最低工資法；一九一五年工人賠償法 Workman's Compensation Law's，規定因工作受傷的工人，應由僱主給予賠償。此外，多數州政府陸續通過其他不少社會福利立法及行政措施。這些都是爾後促使聯邦政府社會福利立法及行政的根據。

迨一九二九年世界經濟大恐慌後，全國性的社會福利行政措施，便應運而產生。因為一九二九年世界經濟大恐慌發生後，使美國的社會福利政策上有重大的改變，對貧窮救濟尤為顯著，再加大量失業引起的社會問題，非常嚴重，故當時通過各項社會福利法案，都是針對解決失業的問題，如羅斯福總統所要推行的新政 New Deal、一九三三年的聯邦緊急救助法，以及一九三五年的社會安全法等，這些都是奠定美國聯邦政府社會福利行政發展的基礎。至一九五七年艾森豪總統簽署的民權法案，可說是由社會福利擴及於社會正義 Social Justice 的具體表現。一九六〇年甘迺迪總統，鼓吹新前進主義 New Frontier，為美國社會福利政

策帶來一片新氣象,以一九六二年的糧票方案 Food Stamps Program 最為著名,目的在於解決貧民營養的需求。一九六三年詹森總統積極推展大社會計畫 The Great Social Plan,其中以經濟機會法案最為著名,重點在強調窮人參與影響其權益方案的重要性,由於政府財政負擔及商人介入,引發各界抨擊的結果,另以社區服務方案代之。一九六五年時,社會安全法案再度修正,將其範圍擴及老人醫療照顧的醫療保健方案 Medicare 及對貧窮者提供醫療服務的醫療補助計畫 Medicaid,這兩項也都是當時社會福利行政措施重要改革。一九六八年尼克森總統於一九七二年制定財政收支分擔法案,將社會福利工作由聯邦政府移轉各州及地方政府辦理,且規定各州及地方政府須優先辦理八大福利服務事業,為: 公共安全、環境、衞生、大衆運輸、娛樂、圖書館、老人及貧窮者社會服務。一九七六年卡特總統對社會福利工作的推展,不遺餘力,主要方針着重於住宅社區發展及兒童福利方面。一九八〇年雷根總統開始大力刪減社會福利方案與社會福利支出合理,並將聯邦政府推動的福利措施,交由州及地方政府辦理。但在福利刪減計畫中,對於特殊利益團體的福利措施,如社會安全、退役軍人福利、及老人醫療照顧等,並未予以刪除。

從上述中,美國到一九二〇年代末期,全球性的經濟恐慌後,聯邦政府才積極介入社會福利服務,注重各項社會福利行政措施。自一九三三年羅斯福總統為解決失業問題起,以迄於一九八〇年雷根總統為使社會福利支出合理止,短短五十年間,使美國社會福利行政日趨健全的發展,已逐漸超越西歐各國。下列這張表可供我們對美國過去各階段社會福利政策、立法、及重要行政措施都有進一步的瞭解:

二、美國社會行政的近況:

美國近年實施的社會福利行政,大致是由一九三五年的社會安全法

美國社會福利重要發展表

年份	總統名	重　　要　　紀　　事	備　　　　　註
1932 1935	羅斯福	聯邦財政重建機構成立 通過緊急救助法案 通過社會安全法案 該法案包括： (1)　社會保險 (2)　公共救助 (3)　衛生及福利服務	1954, 1956, 1962 及 1965, 1967 曾先後修訂。 老年保險、失業補償。 老年、貧苦盲人、失依兒童 、終身或完全殘廢人。 婦嬰衛生服務、殘廢兒童服 務、職業重建、公共服務。
1944 1954 1957	艾森豪	通過 G. I. Bill 通過反學校隔離法案 強制執行社會融合政策 通過民權法案	
1961 1962	甘廼廸	通過再發展法案 通過人力發展及訓練法案 通過糧票方案	
1963 1964 1965 1966	詹　森	通過精神殘障及社區衛生中心成立法案 通過民權立法 通過經濟機會法案 通過更多民權法案 通過住宅及都市發展局立法 實施 Medicare 及 Medicaid 通過另一住宅法案	包括經濟機會局、VISTA 及學前教育方案（經濟機會 局於 1974 年廢止，而代之 以社區服務方案）
1972 1974	尼克森	通過反社會融合立法 發布其新聯邦主義及收益分享計畫 實施補助性安全所得方案（SSI）	係合併老年及殘障方案而成 ，但不包括 AFDC。
1977 1978	卡　特	通過住宅及社區發展法案 通過社區發展街廊補助方案 通過都市發展行動補助方案 修正 1974 年之少年公義法案 通過虐待兒童防治及照顧法之修正案 通過兒童領養改革法案 通過綜合性就業及訓練法案（CETA） 通過貿易適應補助法案 通過緊急燃料補助法案	對低收入戶、房屋持有人， 營建業者提供補貼。 改善住宅品質 鼓勵市民參與及防治 加強兒童虐待研究及職責 藉電腦資料收養兒童
1981	雷　根	開始刪減福利方案	

案所延伸開來的，其主要的內容，包括社會保險、公共救助、衛生及醫療方案、退伍軍人方案、教育福利、其他社會福利等，可分爲下列六大項言之:

㈠、社會保險: 以老年、遺屬、殘廢、醫療爲主、失業保險、工人傷害賠償保險爲輔; 另有公職人員退休、鐵路工人退休、住宅及醫療給付等。

㈡、公共救助: 分爲一般救助及分類救助，後者爲老人、盲人、失依兒童、終身全殘; 前者爲社會性服務、糧票、及補充性所得等。

㈢、衛生及醫療服務: 包括住院及醫療照顧、一般民衆方案、婦女及兒童衛生方案、醫學設施等。

㈣、退伍軍人方案: 包括退休金及補償、衛生及醫療方案、住院及醫療照顧、教育、壽險、福利及其他等。

㈤、教育福利:包括中小學的興建、大學之興建、職業及成人教育等。

㈥、其他社會福利: 包括職業重建、醫療服務及研究、機構照顧、兒童營養、兒童福利服務等。

三、美國社會行政的組織:

㈠、中央社會福利行政組織

美國中央主管社會福利的最高行政單位，現爲衛生與人羣服務部 Department of Health and Human Service, 簡稱 DHHS. 該部負責全國衛生 Health、社會安全 Social Security、人羣發展 Human Development、以及社會與復健服務 Social and Rehabilitation Service 業務。該部的前身，名爲衛生、教育與福利部 Department of Health, Education and Welfare, 簡稱 DHEW,成立於一九五三年。在此以前，美國主管社會安全業務的單位,爲聯邦安全署 Federal Security Agency, 負責自一九三五年以來所實施的社會安全法案，該法案迭經一九

五四、一九五六、一九六二、一九六五、一九六七、一九六九、一九七三、一九七六等年的修正，該部所轄局署逐漸擴大。最近一次大改革爲一九八〇年雷根總統就職後，一方面爲使社會福利支出合理化，乃刪減社會福利預算；一方面將衛生、敎育福利部改組，將其主管敎育業務劃出，獨立成爲敎育部，而將原主管衛生與福利兩部門重新命名爲衛生與人羣服務部，新的行政組織似乎使得美國的社會福利行政體系逐漸與英國頗爲相同。

目前的衛生與人羣服務部，設部長一人，綜理部務，直接向總統負責，其下設副部長一人，助理副部長若干人，委員二人，幕僚長 Staff director 二人，區署長 Regional director 十人。該部內部組織，包括三類，第一類係幕僚單位，包括主管立法的助理部長室 Assistante Secretary for legislation、主管公共事務的助理部長室 Assistant Secretary for Public Affairs、主管計畫與評估的助理部長室 Assistant Secretary for Planning and Evaluation、主管行政管理的助理部長室 Assistant Secretary for Administration and Management、主管財政的助理部長室 Assistant Secretary for Financial、執行秘書室 Executive Secretary、與一般諮詢處 General Council 等單位。第二類包括消費事務處 Office of Consumer Affairs、公民權利處 Office for Civil Right、主管人羣發展的助理部長 Assistant Secretary for Human Development、主管衛生的助理部長 Assistant Secretary for Health、社會與復健服務處 Social and Rehabilitation Service、社會安全總署 Social Security Administration 等單位的業務主管單位。第三類爲各地區的區署 Rigional Office，目前計有十個地區設有區署，其主管稱爲區署長 Rigional Director。下爲美國衛生與人羣服務部組織系統圖：

美國衛生與人羣服務部組織系統圖

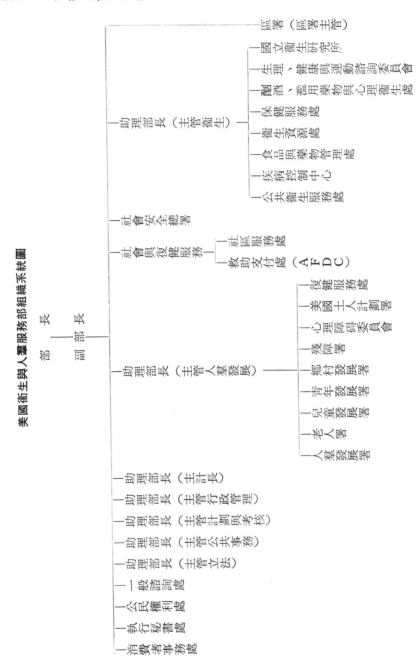

㈡、地區社會福利行政組織

美國有五十一個州，其下有許多郡、市各級政府，這些地方政府的組織可自行決定，所以差異很大，各州的社會福利行政主管也因此而有不同的系統，如紐約州的社會福利行政主管，分別為衛生部、心理衛生部、及社會服務部。夏威夷州則設社會服務與住宅部 Hawaii State Department of Social Service and Housing. 各州的社會福利行政體系與聯邦並不需要對稱。不過，一般而言，各州主管社會福利行政的單位，大致上已逐漸配合聯邦 DHHS 的趨勢。

美國聯邦中央行政機關與地方行政機關，在行政體系上，並沒有隸屬關係。地方政府不是聯邦政府的下級單位，所以州政府在其權力範圍內有其自主權。因為聯邦政府事務由聯邦自行執行，故聯邦在各州各地都設有許多執行聯邦事務機關，都是由中央派出的機關。以聯邦 DHHS 所屬社會安全總署而言，組織龐大，其總部設在馬里蘭州的巴爾的摩 Baltimore，全國各地設十個區署，位於波士頓、紐約、費城、亞特蘭大、芝加哥、達拉斯、坎薩斯、丹佛、舊金山、及西雅圖等。各區署下再設分支或地方機構，總計一千四百餘處。該署有職員七萬八千人，在總部有職員二千人，其餘都分散在各區署工作。此外，該署還有六個計畫服務中心，分設六大城市。該署的國際作業處 The Division of International Operations 專為分居在一百卅個國家中的三十萬保險受益人提供服務。下為美國社會安全總署組織系統圖：

四、美國社會行政的借鏡：

從美國社會福利行政的發展中，我們省思到美國一些課題：

㈠、美國在社會福利的支出，逐年增加，如一九五〇年為二三、五〇八、〇〇〇、〇〇〇美元，一九七九年增至四二八、三三三、〇〇〇、〇〇〇美元，一九八一年增為五五〇、四七六、〇〇〇、〇〇〇美

美國中央社會安全總署組織系統圖

```
                          署　　　長
              副署長（計劃）　　副署長（運作）
```

民權與機會均等室　　　　　　　　　　　　　　兒童支持執行室

助理署長
（公共事務）

助理署長
（行政事務）

助理署長
（政　策）

助理署長
（管理、預算與人事）

助理署長
（評　估）

助理署長
（系　統）

助理署長
（運作政策與方法）

助理署長
（上　訴）

助理署長
（家庭救助）

助理署長
（中央運作）

區　署（10）

元，其中一九七○年代早期每年約增 11 ％—18 ％，後期則維持在 9 ％左右。社會福利支出占國民生產毛額 CNP 比例，大約維持在 20 ％左右，由此可見美國相當重視社會福利，每年社會福利支出都有巨額支出。

㈡、一九八○年，美國家庭所得的中位數，比前一年降低 5.5 ％；而生活在貧窮線以下的人口數由原來（一九七九）的 11.6 ％，增至 13 ％。若以四個成員的都市家庭平均年收入在九、二八七美元為貧窮線標準，則一九八一年時，美國貧戶的比例高達 14 ％。加以由一九八二年時，全美失業率達 10.8 ％之高，至一九八三年也不過降至 10.4 ％的事實看來，一批新的社會低階層人士正在快速形成之中。

㈢、美國國內人口結構的老齡化及移動走向均應納入社會福利考量範圍，如不同地區所得的差距，移民人口組成等；尤其聯邦政府不再扮演平衡區域差距角色的今日。學者的研究指出，隨着人口的老齡化，未來美國每位受僱者必需負擔的社會福利支出必將大幅增加。

㈣、在研究美國社會福利發展時，尚需顧及其全面生活方式的可能變化。如離婚而又再婚的高比例帶來的雙核心家庭逐漸增加、單親家庭及獨居人數的增加、出生率的降低等均將影響社會福利方案的內容。如出生率的降低使若干小學招生困難，而單身戶的增加導致住宅需求的上升；家庭的解組，需要更多類似諮商、托兒所、所得維護等社會性的機構，以取代家庭傳統的功能。

㈤、在美國的經驗中，使我們獲知任何一項社會福利措施，一旦提供出來，就很難再收回，而且政府有過過多的承諾，必將自陷於無法兌現的壓力之中。因此，我們在設計及推動社會福利方案時，應多仔細考量。

第三節　日本社會行政

一、日本社會行政的演進

　　日本早期卽和中國往來頻繁，在各方面都深受中華文化的影響。在大和朝廷時，聖德太子攝政，於西元六〇七年起，多次派使到隋，引進中華文化，促進社會福利行政措施，普設敬田、施田、悲田、及療院等收容機構，收托孤獨、老弱、貧困、傷病等民眾。西元七〇一年，朝廷頒布「大寶律令」，以救濟不幸的民眾，給予生活上照顧，其對象分別為十五歲以下無父且無恒產者、五十歲以上無夫者、六十歲以上無妻或無子者、及殘障者。自一八六七年明治天皇卽位，推動維新運動後，更大量吸取西方文化，並革新舊有的社會救濟制度，如一八六八年的水火災害救助貧民措施、一八七〇年的行旅病人處理規則、一八七一年的棄嬰養育給付、一八七三年的養育子女配給食米、一八七三年的救貧條例係仿照英國的救貧法、一八七四年的恤救規則、及一八七五年的陸海空軍軍人恩給制度等，其中恤救規則，完全出自對人民憐憫之情，頗受好評。大正初年，日本的社會福利事業興起，乃於大正六年，內務省地方局專設救護課主管其事。不久，改設社會局，以應當時急需，同時各地方政府亦相繼設置社會局或社會課等。昭和初年，有救護法，昭和三年時的社會福利事業，已較前更為發展，是年統計公私立社會福利事業總數為三千三百九十個單位，資產總額計一億四千一百五十四萬八千餘日元，經費每年平均三千九百八十一萬二千八百餘日元，可見其一斑。一九三六年至一九四五年期間，由於軍國主義盛行，發動侵華戰爭，引起中國八年抗日戰爭，日本國內受到軍方管制，此時原有的社會福利措

施多被破壞犧牲，故已無社會福利行政可言。

　　迨二次世界大戰中，日本戰敗投降後，在佔領軍支配下，一切措施必須依照盟軍最高司令官的命令爲依據，社會福利行政的重建亦不例外。自韓戰爆發後，佔領軍的佔領政策始轉爲扶植日本爲一獨立國家，於是社會福利行政措施受到重視。首先於一九四六年五月制定「生活保護法」，規定國家有責任保障全體國民最低限度的生活，這便建立日本戰後的國家救助制度，亦是社會福利行政措施中一個重要部門。接着，一九四九年日本政府接受盟軍建議，仿照英美先例，組織社會保障制度審議會，從事有關社會安全制度的研究與建議，至一九五○年終於建立完成有系統的社會安全制度，對國民生活水準的提高，社會經濟的發展，頗具功效。下爲日本社會福利重要發展表，可知從一九四六年起陸續頒行的各項重要福利行政措施：

日本社會福利重要發展表

年　代	重　　要　　措　　施	備　　　　　　　　　　註
1946	生活保護法	保障國民最低生活水準
1947	失業保險及失業津貼法	
	勞動基準法	
1949	社會保障制度審議會設置法	
1950	新生活保護法	
1951	社會福祉事業法	獎勵民間積極參與社會福利工作
	國家公務員災害補償法	
1952	戰傷病者戰歿者遺族等援護法	
1953	國家公務員退休津貼法	
	日僱勞動者健康保健法	將日僱勞工納入保險對象
	私立學校教職員共濟組合法	
1954	新厚生年金保險法	保障受僱者及其家屬之年金制度
	修正船員保險法	
	鄉鎮職員公濟組合法	
1958	國民健康保險法	

1959	最低工資法	
	國民年金法	所規定制度之內容相當貧乏
	福祉年金支付法	
1960	腎肺保護法	
	心智殘障福祉法	
	身體（肢體）殘障者僱用促進法	
1961	國民皆保險皆年金體制	
	兒童扶養津貼法	
	年金福祉事業團法	
	通算年金通則法	
1963	老人福祉法	
1964	母子福祉法	
	重度精神薄弱兒童津貼法	
1965	母子保健法	
1966	特別兒童津貼法	
1970	身心障礙者對策基本法	
	農業者年金基金法	
1971	中高齡者僱用促進特別措施法	
	兒童津貼法	
	勞動者財產形成法	
1972	勞動安全衛生法	
	勤勞婦人獎勵法	
1973	七十歲以上免費醫療制度	
1974	僱用保險法	
1982	老人保健法	
	國民醫療費適正化總合對策	
	推進綱要	
1983	國家公務員共濟與三公共濟的長期	
	給付統合案	
1984	保健法	

二、日本社會行政的近況

日本現有的社會福利行政措施，約分下列四大項:

㈠、社會保險:

1. 醫療保險: 包括健康保險、船員保險、公務員保險、私立學校教職員保險、及國民健康保險等。

2. 年金保險: 包括國民厚生年金、船員保險、公務員保險、私立學校教職員保險、農林漁業團體職員保險、國民年金及農業者年金等。

3. 僱用保險: 包括僱用保險、修正後增加失業津貼的船員保險。

4. 災害補償: 包括勞動者災害補償保險、修正後增加災害補償的船員保險。

㈡、公共救助:

一九五〇年修正的新「生活保護法」，其保護設施的種類，分爲生活扶助、住宅、教育、醫療、生產、創業、及葬祭等。一般生活保護受益者以申請爲原則，經有關機關審查後，才給予所需的現金或實物。

㈢、福利服務:

1. 兒童福利:

日本於一九四七年頒布兒童福利法，其範圍包括兒童保育、保護對策、母子保健、身心健全等措施，尚有相關的兒童津貼、兒童扶養、特殊兒童扶養津貼、母子與寡婦福祉、母子保健、及精神薄弱者福祉等法律，在這些法律中，規定設置保育、托兒養護機構，給予各種技能訓練、一般教育，並給予津貼、及設立服務性機構或設施等，如家庭兒童諮商室、兒童節、兒童中心等，這是一項廣泛性的兒童福利服務制度。

2. 老人福利:

在工作方法上，以在宅服務爲主，以家庭服務來照顧老人們的生活起居。另設各種收容所或療養院，以收托流離失所或臥病癱瘓的老人。除此以外，尚有一些較爲一般性的福利行政措施，如生活輔導與服務、設立俱樂部、工作室、或工廠，及其各種優待。

3. 殘障福利:

殘障福利分身體殘障及心智殘障者兩種福利行政措施:

(1) 身體殘障的福利行政措施: A.診所、調查、更生相談。B.更生醫療給付。C. 免費或低費補裝器具及治療，如義手、義足、助聽器等。D. 家庭服務，如派員整理家務。E. 免費或借用日常生活用具工作，如提供殘障用電話。F. 機能訓練，按聽、視覺、肢體等，給予必要的訓練。G. 社會參與活動。H. 提供日常生活訓練或工作機會。I.給予津貼。J. 在宅殘障者保護事業，減輕家庭負擔等。

2. 心智殘障者福利行政措施: A. 相談指導。B. 家庭服務。C. 日常生活教育及技藝訓練。D. 促進心智殘障者復健。

㈣、公共衛生:

公共衛生工作，主要在於預防疾病，維護國民的健康爲目的，其基層工作範圍包括母子保健、結核病對策、老人保健、食品衛生、環境衛生等預防與督導。主要活動是社區保健、成人病預防、傳染病預防、預防接種、精神衛生等工作。此外，具有公醫制度及嚴格的藥物管理制度。

三、日本社會行政的組織:

㈠、中央社會福利行政組織:

日本中央社會福利行政的最高主管者，爲厚生省 Ministry of Health and Welfare，成立於一九四九年，部長稱厚生大臣，爲內閣閣員之一，有兩位次長協助其綜理部務。部內組織有一處、九司，分別爲秘

書處，亦稱內閣官房 Minister's Secretariat、公共衞生司 Public Health Bureau、環境衞生司 Environmental Health Bureau、醫療司 Medical Affairs Bureau、醫藥司 Phamaceutical Affairs Bureau、社會司 Social Affair Bureau、兒童及家庭司 Children and Families Bureau、保險司 Insurance Bureau、年金司 Pension Bureau、救助司 Relief Bureau。此外，有直屬單位社會保險局 Social Insurance Agency，下分年金保險部 Pension Insurance Department 與醫療保險部 Medical Care Insurance Department。另有國立附屬機構二十個之多。上為日本厚生省組織系統表，可知其組織規模及其掌管業務的一般情形：

　　㈡、地方社會福利行政組織：

　日本的地方社會福利行政組織，在都（東京都）、道（北海道）、府（京都、大阪）、縣（四十二縣）等第二級政府行政體系內，均各設有主管社會事務者，通常在知事、副知事之下，各設有民生處、衞生處等有關單位，民生處主管厚生、母子福祉、保險、救助等業務，而衞生處則主管公共衞生、預防等科。此外，凡在人口超過十萬的地區，設有福祉事務所，保健所及職業安定所等地方性組織。

　　四、日本社會行政的借鏡：

　　日本在社會福利行政措施上，有完備的法令規定，有中央與地方健全的行政組織，有長遠具體的工作目標，有充裕的社會福利經費，而政府與民間福利機構通力支持，故不論在那一方面的行政措施，都能收到良好的效果，亦就因此而成為現代東方福利國家的代表。下列幾項措施，都可作為借鏡：

　　㈠、長遠具體的政策與計畫：每十年一期，至今已有五期。一九四五年至一九五四年為第一期，其工作重點為生活保護；一九五五年至

一九六四年為第二期，其工作重點為年金保險及公共救助；一九六五年至一九七四年為第三期，其工作重點為社會福利設施；一九七五年至一九八四年為第四期，其工作重點為自費安養及社區服務；一九八五年以後為第五期，其工作重點為家庭式收容。每期所訂工作重點都不因主管單位的人事變動而改變，均非徹底做好，絕不罷休，照預定計畫完成。

㈡、健全完善的社會福利法規體系：日本的社會福利法律與法令都很完整，隨時按社會需要迅速頒訂各種社會福利法規，不但法規訂定得快，而且視社會變遷情況而立即修正，所以每項法規都能有效發揮其功能。

㈢、重視院外救助工作：日本各地救助機構，都很重視院外救助工作，對健康而可自理日常生活而需救助者，儘量採用居家服務方式免費供應衣、食、住、行、娛樂、醫療等日常生活必需的物品及服務，這可充分利用機構容量，擴大救助範圍及人數。

㈣、注重專業教育訓練人員：按照規定，從事社會福利工作人員，應具備專業性教育的資格，並應經過一定期限的實習工作，以及職前或在職的訓練，以建立現代化專業工作制度，提高工作士氣與服務品質。

㈤、注意實際服務院民人員，按照院民比率設置多少工作人員，提高其服務品質，並多與院民溝通，採納院民意見，注意院民生活起居，有任何缺點從速徹底改進，滿足院民願望，使院務不斷進步。

㈥、鼓吹社會連帶責任的觀念：促使國民瞭解共同生活於社會的每一分子之間，休戚相關，相互依存之道，都能具有自動自發參與社會福利服務工作，對扶助照顧不幸居民當作是自己應盡的責任，如此可以節省政府許多經費的支出。

㈦、加強天生我才必有用的信念：**對無謀生能力者，如老人或殘**

障者時加鼓勵，使其變爲自力更生，至少能維持個人生活，不必他人扶養；對謀生能力較差者，加强其謀生技能；對有謀生能力而缺乏技能者，如青少年犯者，性格懶惰者等加强職業訓練，具備一技之長，使其有自力更生之能。

　　(八)、社會福利機構設置符合社會需要：諸如日、夜間托兒所、育嬰院所，殘障者敎養所、養護所、更生訓練所、更生指導機構、庇護工廠、家庭式育幼院、老人或殘障者的療養院、自費安養院、未婚媽媽的母子家庭、職業訓練式的感化院、兒童館、青少年會館等的設置，均屬較爲急需。但目前的育幼及老人收容機構，因社會變遷結果，除部分收容機構外，需要免費收容的對象已越來越少，故須將空下來的床位及設備改爲收容不健康的殘障者或癱瘓老人，或調整爲療養部門，不致浪費現有的設備及人力，也才符合社會迫切的需要。

　　(九)、融通社會安全制度所需的經費：日本的社會保障制度，遠較亞洲其他國家的社會安全制度的範圍爲廣，且辦理完善，其內容包括社會保險、公共救助、福利服務、公共衞生及其他等，所需的龐大經費，頗爲可觀，以一九八二年爲例，此年經費支出三三、七六五、○一一日圓。此項經費來自多方面，係由中央政府、各地方政府、保險費、借款、福利機構經營盈利、及其他收入等方式，加以靈活融通而得，使歷年來整個社會福利保障制度獲得充分支援而不感到缺乏。

　　(十)、善於運用民間的資源：各級政府與民間的資源頗能相互結合，在政府周密的規劃與積極的領導之下，各大企業團體多組織社會福利基金會或社會服務團等，努力配合政府推動社會福利，尤其大型醫院多依政府的指示，興辦殘障、育嬰、安老等收容機構，嘉惠社會實大。

　　(土)、組織民間社會福利的團體：如日本的社會福利協進會，與政府行政平行發展，雖屬民間組織，亦分中央、省市、縣市、鄉鎭四級，

當地各界人士任委員，設有專任業務人員，積極推行社會福利工作，經費除機構本身有盈餘外，其不足部分由政府補助，所用專任職員薪資一律由政府撥給，可說是典型的政府出錢人民出力的組織，收效甚宏。

㈢、金融機構支援私立社會福利機構：日本各銀行或金融機構，對有意投資設置民營的非營利性社會福利機構的個人或團體，缺少資金時，有各種貸款的優待；又在營運中，若因需要擴建、新建、改建、或增加設備等時，亦特別給貸款支援，使許多私立社會福利機構多能相當的發展。

第四章　我國社會行政

第一節　我國社會行政的淵源

　　我們敍述過他國的社會行政以後，自然也要一述自己國家的社會行政。我國現代的社會行政，可說和世界各國一般，都係導源自早期的救濟事業。我國之有救濟事業，根據史乘記載，不但悠久，而且發生很古，最早就是由唐堯施行仁政起始。如清代陸曾禹所撰康濟錄（原名救饑譜，清乾隆時進呈，賜名康濟錄，刊印頒布，凡六卷，備記歷代救濟之政）中載有：

　　「唐堯之爲君也，存心於天下，加志於窮民，一民饑，曰：我饑之也。一民寒，曰：我寒之也。一民有罪，曰：我陷之也」。

　　上項唐堯民饑我饑，民寒我寒的說法，完全是以家長的地位，視民

如子弟，爲民謀福利，而百姓亦愛之如日月，親之如父母，故從唐堯開始，我國歷代確有不少賢明的君王無不關心於民瘼，竭力救濟而保護，在平時注意於民衆的如何保養生息之道，遇到饑饉之年，就都注重於民間的救濟災荒之政。又如康濟錄中記載有：

「舜歌解吾民之慍，阜吾民之財；湯禱於桑林，以六事自責」。

這些所載的，便可說是中國古代救濟事業最早的發端。從此以後，歷代君王大多是隨時隨地，本着仁愛之心，施行仁政。這裡所謂「仁政」，即爲古代社會行政的簡稱，在第一章第三節中已言之，其實也就是一部分救濟行政的意思。因而，我國歷代君王的平時政治設施，大多以着重於推行仁政爲其施政的最高標準，並以爲民謀取福利，更視之爲仁政的惟一表現。

此外，我國古代的聖賢也多以救人勸世爲宗旨，其中最著名者，如孔子的大同思想：「故人不獨親其親，不獨子其子，使老有所終，壯有所用，幼有所長，矜寡孤獨廢疾者，皆有所養」。這可以說是我國古代救濟的最高理想。又如孟子所說的：「老吾老，以及人之老，幼吾幼，以及人之幼，天下可運於掌」；「以不忍人之心，行不忍人之政，治天下可運之掌上」；與「養生送死無憾，王道之始也」。還有如墨子，主張兼愛之說，並倡減政救災之論，所述理念尤爲精警，這些都是與救濟助人有關的思想，其影響深遠，更加助長我國歷代救濟事業的發展。

考查周公所作的「周禮」，記載周代官制，有大司徒以保息六養萬民，又以荒政十二聚萬民，綱目畢舉，無微不至，可知我國已從周代開始就有此良好的救濟制度。這在下編第一章第二節社會行政的演進中，也已述及。歷代莫不奉爲圭臬，降至清代，我國的救濟制度，更臻完備，根據大清會典的記載，清代的保息之政有十項，荒政也有十二項，詳如下述：

一、保息之政：「㈠曰賜復，㈡曰免科（免賦），㈢曰除役（即力役之征並弛之），㈣曰振榮獨（設養濟院，以居窮民無靠者），㈤曰養幼孤（設育嬰堂，收養嬰孩之遺棄者），㈥曰收羇窮（設棲留所，以收養四方貧病無依者），㈦曰安節孝（婦女矢志守節，養舅姑，撫遺孤，或貧無以自存者給養之），㈧曰恤薄宦（資助貧宦回籍），㈨曰矜罪囚（獄囚之給養），㈩曰撫難夷（落難外僑之救濟。）

二、荒政：㈠曰救濟，㈡曰拯饑，㈢曰平糶，㈣曰貸粟（貸種籽），㈤曰蠲賦，㈥曰緩征，㈦曰通商（毋遏糴，貨暢流），㈧曰勸輸（募捐），㈨曰嚴奏報之期（報荒），㈩曰辦災傷之等（調查），㈪曰興土工，使民就傭（工賑），㈫曰反流亡，使民生聚（疏散與民回籍）。

　　再者，我國歷代官方辦理的救濟行政，可分積極的及消極的兩大類。在積極方面，最重要者爲各種倉儲，如常平倉、惠民倉、廣惠倉、豐儲倉、平糶倉、義倉、社倉等，尙有其他倉庫的種種名目，但其性質大致相同，在平時是將充足的食米儲存於各地倉庫，除應付經常的食用外，在必要時可以調節民食，尤其在災荒時可以散放災民，不致饑饉，故其作用甚大；在消極方面，更可分爲臨災治標的救濟及災後補救的救濟兩部分。前者可分四項工作：一、賑濟，包括賑穀、賑銀、工賑等；二、調粟，包括移民就粟、移粟就民、平糶等；三養郵，包括施粥、居養、贖子等；四、除害，包括除蝗、袪疫、伐蛟等。後者也可分四項工作；一，安輯，包括給復、給田、齎送等；二、蠲緩，包括蠲免、停緩等；三、放貸，包括貸糧食、種子、耕牛、農具等；四、節約，包括減少食物、禁米釀酒、節省費用等。

　　除上述我國歷代官方的主要救濟行政外，我國民間也有一套救濟方式加以配合。例如貧民及其他不幸者的救濟，則大多屬於親友、鄰里、同鄉等設法就近援救，完全是私人方面本乎互助之義，以盡功德之舉，

或是慈善人士基於上天有好生之德，乃樂善好施，辦理各種施捨事業。其中以同鄉會館及慈善團體設置善堂，所辦的救濟工作尤多，包括濟貧、恤嫠、養老、慈幼、施藥、借貸、義學、代葬、資助寒士趕考赴科、寄宿、施粥、施米、施棺等。還有，宋代范文正公所倡立的義莊，又稱義田，係其顯貴時，在蘇州家鄉置田千畝，以養濟其族人。在莊中設有養老室，恤嫠室、育嬰室，凡族人中鰥寡孤獨，均居其內；又有讀書室，以收容無力從師的子弟；養疴室，以收容有病之人；嚴教室，以收容不肖子弟，嚴加管教，一切頗具規模，這是我國古代民間救濟工作的良好例子，後來歷代達官貴人和有錢的善士，頗多相繼紛紛仿效。

上述我國歷代官方的救濟行政，以及民間流行的救濟方式，多係自古已有，沿至明清，仍少變更。但至民國，隨着國內外重大的影響，才逐漸興起新的社會行政，一切較前大不相同。在所受的影響中，除係受到國外社會福利思潮與現代社會工作專業化，以及國內政府推行與民間團體倡導等的影響外，而以受到　國父與先總統　蔣公的影響尤大。我們在研究我國社會行政興起時，應先深知這兩位偉人有關我國社會行政方面的重要指示，茲特分別舉述之：

一、國父的指示：　國父生前雖未提到社會行政一詞，但在其遺教中，對社會行政有關的指示很多，可列舉數種：

㈠、「民生主義不是憐憫性的慈善事業，也不是一種施捨與恩惠」。

㈡、在地方自治開始實行法中規定：「地方之人，有能享權利而不盡義務者：其一，則為未成年之人，或以二十歲為準，或以十八歲為準，隨地所宜，立法規定之，此等人悉有受地方教育之權利。其一，為老年之人，或以五十歲為準，或以六十歲為準，隨地所宜，立法規定之，此等人悉有受地方供養之權利。其三，為殘廢之人，有享受地方醫治供養

之權利。其四，爲孕育期內，免一年之義務而享有地方供養之權利」。

㈢、爲在建國大綱中規定：「土地之稅收，地價之增益，公地之生產，山林川澤之息，礦產水力之利，皆爲地方政府之所有，而用以經營地方人民之事業，及育幼、養老、濟貧、救災、醫病、與夫種種公共之需。

㈣、就任臨時大總統誓詞中，有：「顚覆滿淸專制政體，鞏固中華民國，圖謀民生幸福 …… 文實遵之」，「以忠於國，爲衆服務」。就任後，以臨時大總統名義，先後公告禁吸鴉片；勸禁纏小脚；曉示剪辮；禁止體罰；革除老爺、大人等稱呼；對於「蛋戶」、「惰民」等賤民階級明令開放；强調保護華僑，嚴禁販運苦力出國。這種種措施，實在都屬於社會行政方面的職責。

㈤、對很多福利民衆工作，認爲要徹底改革。對吸毒有：「其有飲鴆自安，沉緬忘返者，不可爲共和之民，當咨行參議院於立法時，剝奪其選擧，被選一切公權，示不與齊民齒，並由內務部轉行各省都督，通飭所屬官署，重申種吸各禁，勿任廢弛」。對剪辮有：「凡未去辮者，於令到之日限廿日一律剪除淨盡，有不遵者以違法論，該地方官毋稍容隱，致干國法」。對救貧有：「救貧救弱，這種志願是人人應該要立的，要大家擔負救貧救弱的責任，去超渡同胞。如果大家都有這種志願，將來的中國，便可轉弱爲强，化貧爲富」。又說：「我們現在的中國人，沒有那一個是長年可以得安樂的，沒有那一個不是憂愁的。如果不憂愁，能夠過安樂的日子，便是沒有長成人，不知道世界上有很艱難辛苦的事。若是成人之後，年紀大了，便有憂愁」。對老人有：「社會之人，爲社會勞心勞力辛苦數十年，而至衰老，筋力殘弱不能事事。社會主義學者謂其有功社會，垂暮之年，社會當有供養之責，遂設公共養老院，以養老人，供給豐美，俾之愉快，而終其天年，則可補貧窮者家庭之缺

憾」。對病患有:「人類之盡忠社會,不慎而偶染疾病,富者固有醫藥之治,貧者以無餘貲,終不免淪落至死,此亦不平之事也。社會主義學者,遂主張設公共病院,以醫治之,不收醫治之貲,而待遇與富人納貲者等,則社會可少屈死之人矣」。「其他如聾啞殘廢院,以濟大造之窮。如公共花園,以供暇時之戲。人民平等,雖有勞心、勞力之不同,然其為勞動則同也。即官吏與工人,不過以分業之關係,各執一業,並無尊卑貴賤之差也。社會主義之國家,人民既不存尊卑貴賤之見,則尊卑貴賤之階級,自無形而歸於消滅。農以生之,工以成之,商以通之,士以治之,各盡其事,各執其業,幸福不平而自平,權利不等而自等,自此演進,不難致大同之世」。

㈥、重視民間團體,曾謂:「民國軍興以來,各戰地將士赴義捐軀,傷亡不尠,均賴紅十字會救護掩埋,善功所及,靡特鄂省一隅而已,文實德之。……應即令由內政部准立案,以昭獎勵」。

㈦、重視與社會行政相關業務之配合:「厲行衛生,中國地方衛生,素不講求,以致疫癘時起,民生不寧。故厲行衛生,謀人民幸福,一曰調查戶口,往日調查戶口,多屬敷衍,尚無確數,今後宜再確實調查;一曰釐正禮俗,社會之良否,繫於禮俗之隆污,故敝禮惡俗,亟宜釐正,以固社會根基」。又說:「社會主義者,人道主義也。人道主義,主張博愛、平等、自由,社會主義之真髓,亦不外此三者,實為人類之福音。我國古代若堯、舜之博施濟眾,孔丘尚仁,墨翟兼愛,有近似博愛也者,然皆狹義之博愛,其愛不能普及於人」。

二、先總統 蔣公的指示:先總統 蔣公繼承 國父遺志,在其遺訓中,對三民主義及社會行政的發揚光大,盡心竭力,也有不少重要的指示,可列舉之:

㈠、在「政治建設的要義」中,一再提及育樂兩大問題:「政治建

設第一個最急要的目標，卽在謀人民最大的福利，所以一切建設的目的，卽在如何解決民生問題，使四萬萬同胞能安居樂業，足以足食」。

㈡、在「政治的道理」中，說：「古時所謂仁政，就是要發揮人們的力量，救濟人們的痛苦，爲政之要，就在于竭盡能力，定出方針和計畫，來救治人民的困乏和痛苦」。

㈢、二十九年抗日戰爭艱困之際，創設社會部，主管全國社會行政，並訓示：「社會行政的主旨是親和民衆，惟親民始能教民以善，導民以義；和衆始能勵民以勞，協民以羣，師愷悌邮民之遺意，抱拯饑救溺之胸襟，毋使一夫不獲其所，毋使一人陷於不義，礪衆志以成城，挈群倫以共進……」。又指示社會部研頒各項社會福利政策，使我國社會行政日趨現代化。

㈣ 四十二年十一月，發表「民生主義育樂兩篇補述」，完成民生主義思想的完整體系，也成爲我國社會行政工作的基本依據。

第二節 我國社會行政的體制

我國自民國以來，社會行政的組織體制，是隨着時間演進，從演進中成長，逐步的建立其體制。今按時間劃分爲以下四個階段說明：

一、民國初期： 民元年三月八日通過臨時約法，國務院設外交、內務、財政、陸軍、海軍、司法、教育、農林、工商、交通十部。民三年七月十日公布內務部組織法，規定內務部直屬大總統，設總務、民治、警察、職方、典職、考績等司，其中民治司業務爲地方自治團體及其他公共團體、行政及經費、救濟及慈善、節義褒揚及其他風化的整飭等，可見民治司與社政有關，限於救濟慈善而已。民九年一般社會人士創立華

北救災協會，救濟華北災荒。同時駐華美使聯合各國公使組國際對華救災會，未幾中外兩機構合併，組成北京國際統一救災總會，後又改名為中國華洋義賑救災總會。民十三年頒有建國大綱，規定行政院下設內政、外交、軍政、財政、農礦、工商、教育、交通八部，於是內務部改為內政部，祇因當時軍閥割據，有關社政業務，殊乏建樹。

二、北伐後以黨領政時期：北伐成功後，全國統一，以黨領政，卽是由中國國民黨負責領導當時民眾組訓及社會運動等工作。此外，政府與民間面對的救濟不得不予以重視。民十七年內政部公布管理各地私立慈善機關規則，使救濟事業，漸入正軌。當時冀魯地區大旱，國府乃組織冀魯賑災委員會，同年八月內政部設賑務處，及賑濟委員會，以後在被災各省得設省賑務會，縣設賑務分會。民十八年二月國民政府鑒於各機關賑政不一致，遂合併成立國民政府賑災委員會，改隸行政院，次年又改組為賑務委員會，管理全國賑災事業。民廿年後因華北水災嚴重，又另組國民政府救濟水災委員會，並設工賑處，分十八災區，各區設工賑局。除上述臨時救災工作外，民十六年七七事變後，行政院成立非常時期難民救濟委員會，後合併於賑濟委員會。另有兩類機構協助戰時救濟，一為民間團體，為紅十字會所辦的救護總隊醫藥救濟，一為全國男女青年會所辦的學生救濟委員會，中華基督教會所辦的負傷將士協會，以及國際救濟委員會，均為有效的救濟工作。

三、抗戰中社會部時期：中國國民黨中央執行委員會於民廿七年五月，成立黨的社會部，內設民眾組訓處、社會運動處、編審處、總務處四單位，分掌各項業務。至民廿八年十一月，中國國民黨第六次中央委員全體會議，為貫徹「黨透過政府，實現其主義及政策」的主張，大多數委員均認為將社會部改隸行政院。蔣總裁亦在六中全會訓示指出：「合作事業宜劃歸社會部主管，社會部可改隸行政院」。當經六中全會

決議授權中央常務委員會簽奉　總裁批准，由中央黨部秘書處於民廿九年四月，函請國防最高委員會秘書廳，轉函國民政府擬具社會部組織法提經立法院完成立法程序後，由國民政府於廿九年十月十一日公布，同年十一月十六日社會部正式宣告成立，由此確定我國中央社會福利行政的體制。

社會部成立之初，一面接管前中國國民黨中央黨部所屬社會部的民眾組訓與社會運動業務，設民眾組訓司；一面接管原國民政府行政院所設的賑濟委員會主管的救濟行政；還要接辦經濟部的勞工科所主管勞工行政業務；另又創新辦理社會服務、社會保險、兒童福利、職業介紹等業務。當初社會部內部組織，設總務、組織訓練、社會福利等三司、勞動及合作事業管理二局，並設參事廳、秘書廳、研究室、視導室、統計處及人事室，其業務職掌為：

(一)、組訓司：掌理各種人民團體、職業團體與社會團體之組織訓練及社會運動等事項。

(二)、社會福利司：掌理社會保險、勞工福利、社會服務、職業介紹、社會救濟及兒童福利等事項。

(三)、勞動局：掌理勞動保護、勞動管制及勞動服務等事項。

(四)、合作事業管理局：掌理合作組織登記審核、合作金融之倡導、合作人員之訓練及其他有關合作事項之指導與發展等事項。

(五)、參事廳：掌理有關法案命令及計畫方案之撰擬審核等事項。

(六)、研究室：管理有關社會行政制度方案及社會行政方法之研究編撰與出版等事項。

嗣後，社會部為配合業務發展需要，組織迭有變更，將組訓司改為人民團體司，於社會福利司外，復增設社會救濟司、婦女兒童司及社會服務司，將原屬福利司主管有關社會救濟事項劃歸救濟司，原屬福利司

主管之兒童福利事項劃歸兒童司，社會服務事項劃由社會服務司主管，並將原屬研究室主管有關方針計畫之研擬編撰事項，另行成立社會行政計畫委員會主管，增聘國內外專家為委員。又增設工礦檢查處負責工礦安全衞生檢查事項，中央社會保險局負責籌辦社會保險事項，社會工作人員訓練委員會掌理社會工作訓練事項，訴願委員會掌理訴願審理事項，工作成績考核委員會掌理工作人員考核事項。

民卅一年九月五日，行政院公布省社會處組織大綱後，社會部依法督導各省設社會處，未設社會處者在民政廳下暫設社會科。截至卅七年，全國先後有四川、湖南、湖北、貴州、雲南、廣西、廣東、江西、陝西、浙江、福建、江蘇、安徽、河南、河北、山東、山西、綏遠、甘肅、青海、新疆、西康、遼寧、遼北、吉林、安東、臺灣等省皆設社會處。重慶、南京、北平、上海、青島、天津等市設社會局。各主要縣市並設有社會科。至此，我國各地方政府社會福利行政的體制亦告確立。

四、遷臺後歸併內政部時期： 民卅八年，因共匪擴大叛亂，剿匪形勢逆轉，政府遷臺，緊縮機構，乃將社會部撤銷，業務歸併於內政部內，另設社會司及勞工司。故今內政部的社會司即為我國社會福利行政最高主管單位，其職掌為六項：

㈠、關於社會服務事項。

㈡、關於社會福利事項。

㈢、關於社會救濟事項。

㈣、關於兒童福利事項。

㈤、關於國際兒童救濟之合作與聯繫事項。

㈥、關於社會習俗改善輔導事項。

目前社會司下，分設八科，如下圖：

```
                         社　會　司
        ┌────┬────┬────┬────┬────┬────┬────┐
        職    社    社    社    社    合    社    農
        業    會    會    會    會    作    會    漁
        團    團    福    救    保    事    運    會
        體    體    利    助    險    業    動    輔
        科    科    科    科    科    科    科    導
                                                科
```

　　至於臺灣地區的地方社會福利行政體制，在省政府有社會處，自民卅六年六月一日起設立。依行政院民卅九年九月五日公布的省社會處組織大綱規定：「各省政府得設置社會處主管關於人民組訓、社會救濟、社會福利等事宜」，社會處之職掌，經規定爲六項：

　　㈠、關於全省人民團體之組織訓練調整及其互相聯繫。

　　㈡、關於全省社會運動及人民團體目的事業外一般活動。

　　㈢、關於全省勞資爭議之處理事項。

　　㈣、關於全省社會福利、社會救濟、社會服務及職業介紹之指導實施事項。

　　㈤、關於全省貧苦、老弱、殘廢之收容敎養事項。

　　㈥、關於其他有關社會行政事項。

　　目前臺灣省社會處，卽依上項規定掌理勞工行政、人民團體、社會運動、社區發展、社會福利基金管理與運用、婦幼福利、少年感化敎育、殘障福利、社會救助、社會保險、就業輔導、職業訓練、技能檢定、社會工作員業務、勞工及靑少年調查等業務。該處原設九科，嗣以國民住宅業務劃出，社會工作員制度建立，又改爲六科五室，各科職掌爲一科（勞工）、二科(社團、社會運動)、三科(社區發展、福利基金)、四科（婦幼福利、少年感化）、五科（保險、救助）、六科(國民就業)。五室爲社會工作室、秘書室、總務室、主計室、人事室及所屬機關卅二個單位，總計員工一千三百五十三人（六十九年底統計），其中二百二

臺灣省政府社會處組織系統與職掌表

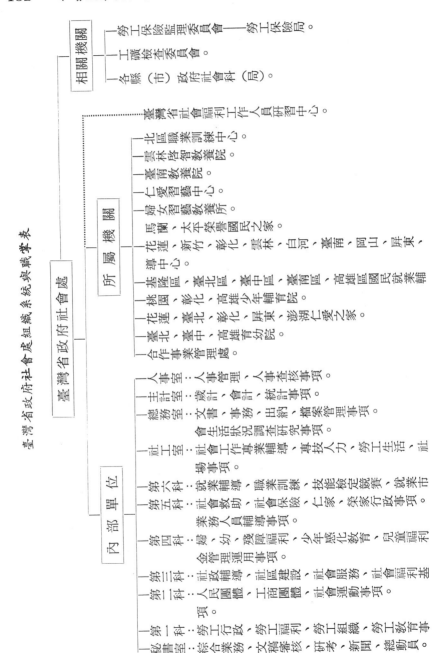

相關機關
- 勞工保險監理委員會——勞工保險局。
- 工礦檢查委員會。
- 各縣（市）政府社會科（局）。

所屬機關
- 臺灣省社會福利工作人員研習中心。
- 北區職業訓練中心。
- 雲林啟智教養院。
- 臺南教養院。
- 仁愛習藝中心。
- 婦女習藝教養所。
- 馬蘭、大平榮譽國民之家。
- 花蓮、新竹、彰化、雲林、白河、臺南、岡山、屏東、導中心。
- 基隆區、臺北區、臺中區、臺南區、高雄區國民就業輔
- 桃園、彰化、高雄少年輔育院。
- 花蓮、臺北、彰化、屏東、澎湖仁愛之家。
- 臺北、臺中、高雄育幼院。
- 合作事業管理處。

內部單位
- 人事室：人事管理、人事查核事項。
- 主計室：歲計、會計、統計事項。
- 總務室：文書、事務、出納、檔案管理事項。
- 社工室：社會生活狀況調查研究事項。社會工作專業輔導、專技人力、勞工生活、社
- 第六科：就業輔導、職業訓練、技能檢定競賽、就業市場事項。
- 第五科：社會救助、社會保險、仁家、榮家行政事項。業務人員輔導事項。
- 第四科：婦女、幼兒、殘障福利、少年感化教育、兒童福利
- 第三科：金管理運用事項。社政輔導、社區建設、社會服務、社會福利基
- 第二科：人民團體、工商國體、社會運動事項。
- 第一科：勞工行政、勞工福利、勞工組織、勞工教育事項
- 秘書室：綜合業務、文稿審核、研考、新聞、總動員。項。

勞工委員會，並提高主任委員爲特任官，俾期有效解決勞工問題，業經中央協調決定，組織法草案已修正通過後公布，於八月一日正式成立。同時地方政府如臺灣省、臺北市、高雄市、及各縣市政府等亦將配合中央勞工行政組織的改革，設立新的地方勞工行政組織。臺灣省政府將設勞工行政處，直屬省政府，其業務合併省社會處第一科勞工行政、福利、組織及第六科就業輔導、職業訓練、技能檢定等；各縣市中，臺北縣設勞工局，桃園縣、彰化縣、臺中縣、臺南縣及臺南市等設勞工科；其餘各縣市於原有社會局（科）內勞工股擴編爲勞資關係及勞工組織兩股；臺東、花蓮、澎湖三縣就原組織編制，酌增人力。臺北市及高雄市均各設勞工局，直屬市政府，合併原屬社會局的第二科勞工行政業務及有關附屬機構等。上項地方政府勞工行政組織，均將在短期內籌劃完成。未來我國勞工行政，從中央到地方政府，必將有更新的開展。

第三節　我國社會行政的經費

由於社會福利行政所需要的經費浩大，必須有其可靠的財源，始克有濟。現今各國政府，社會福利的經費來源，主要的有四：一、政府由一般稅收中撥付，依法編列中央或地方社會福利年度預算，經法定程序與規定，由社會行政機關支用；二、政府舉辦某種社會福利事業，特定一種稅收，以供專用；三、政府指撥特別稅收的全部或部分作爲社會福利基金，專戶保管運用；四、政府訂定有效辦法，獎勵國內外民間機構團體及熱心人士的捐款，並建立志願服務完整體制，有效結合民力，配合政府推動社會福利工作。我國社會行政所需的經費來源，與其他各國相同。惟自民國五十四年度起，係依照「民生主義現階段社會政策」的

規定實施，計有「寬列預算」、「以實施都市平均地權所增收的地價稅設立社會福利基金」、及「獎勵人民捐資興辦福利事業」三種途徑。

近年我國社會福利經費的實際支出情況，可分述如下：

一 政府預算方面：中央及省市、縣市地方政府每年度都各編列有社會福利經費預算。以中央政府而言，此項經費支出，依行政院主計處發表的資料所示，自民國五十一年以來，到七十一年，大致都是呈現逐年成長的趨勢，五十一年支出 1,116,900,000 元，佔政府總支出 7.2%，七十一年支出 67,741,000,000 元，佔政府總支出 14.5%。近幾年來，我國社會福利支出一直列為第三大預算，僅次於國防外交、經濟交通，足見政府對社會福利的重視。但在社會福利支出中還包括公務人員退休撫卹及保險支出甚多，以及衞生支出，實非屬於社會行政主管範圍之內，而能用於社會行政主管業務的支出僅佔少數而已，詳見下表，便可瞭然：

中央政府社會福利支出分析表

中 華 民 國 七 十 六 年 度　　　（單位：十萬元）

項　　　　　　　　　　　　　目	七十六年度 金額	七十六年度 %
一、總預算	43,205	100
二、社會福利及衞生支出	7,175	16.6
(一) 公務人員退休撫卹及保險支出	4,530	63.1
(二) 衞生支出	176	2.5
(三) 社會及救濟支出	2,467	34.4
1. 內政部	77	1.1
(1) 社政及勞工業務	54	0.8
(2) 大陸災胞救濟總會	23	0.3
2. 國防部、退輔會、行政院、農業會、臺大醫院、人事行政局等	2,388	33.3

資料來源：七十六年度中央政府總預算。

　　至於地方政府中，以七十五年度爲例，臺灣省政府支出 152,000,000 元，佔18.1％；臺北市政府支出 78,500,000 元，佔13.6％；高雄市政府支出 24,800,000 元，佔 13.6％；臺灣省屬各縣市政府支出 156,000,000 元，佔12.5％；在各縣中，歷年以臺北縣支出最多，以花蓮縣支出最少。詳見下表：

各級政府社會福利支出分析表

中　華　民　國　七　十　五　年　度　　　　　　單位：新臺幣十萬元

項　　目	中央政府		臺灣省政府		臺北市政府		高雄市政府		臺灣省各縣市政府		合　計	
	金額	%	金額	%	金額	%	金額	%	金額	%	金額	%
一、總預算	41,230	100	8,410	100	5,740	100	1,820	100	12,520	100	64,554	100
二、社會福利及衞生支出	6,720	16.3	1,520	18.1	785	13.6	248	13.6	1,560	12.5	10,833	16.8
㈠社會及救濟支出	2,366	5.7	983	11.7	255	4.4	77	4.2	689	5.5	4,370	6.8
㈡衞生支出	208	0.5	395	4.7	494	8.6	141	7.7	559	4.4	1,797	2.8
㈢公教人員退休撫邮	4,151	10.1	145	1.7	36	0.6	30	1.6	314	2.5	4,676	7.2

資料來源：七十五年度中央政府、省市政府、及臺灣省各縣市政府總預算。

　　二　社會福利基金方面：　中央設立「社會福利基金」。從五十四年度起，每年將實施都市平均地權的地價稅及土地增值稅「增收部分」撥作社會福利基金。劃分比例爲：縣（市）佔60％，設縣（市）社會福利基金專戶保管，用於所屬鄉鎮者，由縣市政府撥補之；省佔20％，另20％歸省統籌，用以調劑各縣市財力不均的缺陷，設省社會福利基金專戶保管；歸省統籌部分，每年按各個社會福利工作計畫，分別一次開列各縣市政府補助清單，納入各該縣市社會福利基金，省政府不直接運用，但負監督實施之責。臺北市及高雄市，其劃分比例爲 70％，設立市社會福利基金專戶保管，另30％撥解中央政府，列爲國庫統支統收。自七十一年度起，實施新的財政收支辦法之後，各縣市的社會福利

基金歸各縣市所有，省府無權統一調度，於是使貧縣的社會福利經費更為短缺，而富縣則無不同，這樣會使臺灣地區各地社會福利水準頗不一致的影響。

三　民間捐獻方面：以政府目前財力狀況來辦社會福利工作，還是有相當困難，故要運用社會力量加以補充。因此，必須多方倡導，獎勵國內外民間機構及熱心人士不斷捐獻，興辦社會福利事業。我國現有民間社會福利及慈善事業基金會約有三十九個，基金數在一千萬元以上的有八個，五百萬元以上的有二十三個。各基金會均以其基金孳息運用於社會福利或慈善事業，像是獎學金、助學貸款、家庭扶助、急難救助、貧民施醫、冬令救濟等。自六十七年起，由內政部每年召開一次「民間社會福利及慈善基金會聯合會報」，各基金會均派人參加，並各捐出部分捐款，集中獎勵若干績優福利機構。

由以上的說明，我們可以看出一些有關問題來檢討，以求改進：

一、政府編列預算方面：中央政府的社會福利經費，雖然年有成長，如七十一年度已佔百分之十四，七十五年已佔百分之十六·八，甚之七十六年度高達百分之十七以上，但未如歐美、日本等國高居政府總支出之冠，相形之下，仍屬偏低，亦未有過度負擔的現象，而且社會福利經費不應再包括不屬於社會行政主管範圍內其他方面的費用，並應盡量從寬編列，以利各項社會福利工作的推行。地方政府所需的社會福利經費，亦顯然特別偏低，更須多多提高，以切合各地實際需要。

二、社會福利基金方面：由於有人對社會福利工作的觀念尚乏認識，故有挪用此項基金於別的行政措施上；或是未能充分使用此項基金，使基金仍有剩餘的失當現象。社會福利基金應屬於專款專用的性質，基金數尤應隨著近年新的社會福利法案的頒行而有適度的成長與調整，以符合當前的急需。

三、民間捐獻方面：現行的所得稅及遺產稅，對於捐助興辦福利事業的款項，訂有免稅的限額，這是必會影響熱心人士捐助的興趣，最好能完全豁免其所捐部分的所得稅及遺產稅。此外，三十六年公布的「興辦社會福利事業褒獎條例」及三十三年的「社會部獎助社會福利事業暫行辦法」等，均已過時很久，都已不適合現實需要，應從速配合實際需要，大幅加以修訂頒行，以期達到積極鼓勵民間捐獻的效果。

第四節　我國社會行政的業務

由於世界各國的社會背景不同，中外社會福利行政業務的範圍就頗有差異。以我國中央及地方政府社會行政主管的業務言，如過去的社會部業務，分社會救濟、社會福利、人民團體組訓、社會運動、社會服務、勞工行政、及合作事業等；後來社會部裁併於內政部，其業務分由社會司及勞工司負責，前者分人民團體、社會福利、社會救助、社會保險、平民住宅、及合作事業等；後者分就業輔導、職業訓練、勞工福利與教育、勞工團體、勞動條件、安全衛生、工礦檢查、及勞資關係等；至於地方政府的社會行政業務：如臺灣省社會處，分勞工行政、社會團體、社區發展、社會福利、社會保險、社會救助、國民就業、及合作事業等；臺北市社會局及高雄市社會局同分團體輔導、勞工行政、社會救助、福利服務、社區發展、及合作、住宅等；臺灣省各縣市多設社會科（課），除臺東、花蓮、澎湖三縣人口稍少不同外，其他縣市均分社會行政、社會福利、勞工行政、及合作行政等。近年來稍有變動，如七十年內政部設職業訓練局，其業務分職業訓練、技能檢定、並兼管就業輔導，均由勞工司併來；勞動力供需調查由省社會處改為行政院主計處主

管；國民住宅改由內政部營建署主管；少年感化教育改由法務部主管；未來勞工行政提昇由行政院設勞工委員會主管，地方政府亦將配合設立新的勞工行政機構負責其事。因此，本節所述，乃以勞工行政、就業輔導、職業訓練、社會保險、社會救助、福利服務、社區發展、人民團體、及合作事業等幾項主要業務的近況，依次分述：

一、勞工行政：

勞工行政為適應工業社會而產生，係以執行勞工政策為目的的公共行政。由於工業化為世界性經濟發展的必然趨勢，而工業化的結果，亦必然引起受僱勞工人數的大量增加，因此發生許多有關勞工的問題，這些勞工的問題欲加以妥善處理，實繫於政府制定的勞工政策，而勞工政策的範圍隨著社會經濟的不斷發展，日益擴大，於是勞工行政的職責，亦日益繁鉅，故現代各國政府在社會福利行政中，勞工行政佔有積極性和重要性的地位，實不容忽視。

我國的勞工行政工作，過去幾年在中央由內政部主管，設有勞工司專管其事，在省（市）縣（市）則由社政單位主管，近年主要業務為貫徹勞動基準法、和諧勞資關係、督導勞工福利、健全工會組織、改進安全衛生、加強勞工檢查等，茲分述如次：

(一)、貫徹勞動基準法：

1. 勞動基準法於七十三年八月一日公布施行後，積極研擬各附屬規章，七十四年度業經發布八種，七十五年度繼續發布積欠工資墊償基金提繳及墊償管理辦法，內政部積欠工資墊償基金管理委員會組織規程、勞工退休準備金提繳及管理辦法、事業單位勞工退休準備金監督委員會組織準則、勞工檢查員選用及訓練要點等五種，另由內政部與財政部會銜發布者有勞工退休基金收支保管及運用辦法。該法各項附屬規章共十四種，業已完

備，均分別實施中。

2. 發布七十五年十一月一日為勞工退休準備金及積欠工資墊償基金開始提撥及提繳日期，七十六年二月一日為積欠工資墊償基金開始墊償日期，并自七十五年五月成立積欠工資墊償基金管理委員會，積極協調有關單位辦理中。七十五年十一月份事業單位應提繳金額，勞工保險局已於七十五年十二月底前，連同勞工保險之保費計算單一併寄達，事業單位可一併繳納。

3. 勞工退休準備金監督委員會截至七十六年三月廿日止統計已有四千六百多家提撥，累計退休準備金共新臺幣七十三億多元，已提領退休金約一億八千多萬元，尚有餘額七十一億多元。

4. 自七十五年九月份起，第一梯次由各當地主管機關邀集內政部、財政部、中央信託局、勞保局等各有關機關舉辦積欠工資墊償基金、勞工退休準備金制度的宣導，第二梯次由內政部邀集上述各有關機關在全省分北、中、南、東四區加強辦理宣導會，並編印勞動基準法暨附屬法規、解釋令供有關機關、事業單位參考。

5. 為改善工資制度，設置基本工資審議委員會，蒐集并研究各項與工資有關因素，適時建議調整基本工資。自七十五年十一月一日起，基本工資調整為每月六千九百元，每日二百三十元。

6. 為因應全國企業界調適勞動基準法，除對若干條文做適度的解釋外，並已委託中華民國勞資關係協進會進行「實施勞動基準法對我國勞資關係影響之研究」，以做為將來是否修法及如何修法的參考。

㈡ 和諧勞資關係:

1. 完成勞資爭議處理法修正草案經報院審議後，送請立法院審查

中。

2. 繼續推行「以廠為家，以廠為校」運動，輔導省（市）政府推選示範工廠舉辦示範觀摩。另有關廠內輔導委由救國團及有關單位辦理。

3. 繼續依照行政院核定「加強工廠青年服務工作要點」，委任中國青年反共救國團配合各縣市政府辦理有關工作，七十五年度共辦理二、五○一次活動，參加人數四十二萬餘人，協辦活動四九七次，參加人數十六萬餘人。

4. 督導臺灣省礦務局辦理輔導煤礦工轉業及補助礦工資遣。七十五年度計核准礦工資遣九礦，勞工一、二四二人，金額一七三、一四五、七三○元，轉業者一○三礦，勞工一九四人，金額九七、四○○、○○○元。

5. 選拔勞資關係優良單位二十五家，并於勞動節大會中予以表揚。

6. 輔導各級工會派員參與各項國際勞工會議與活動，七十五年度共計九十一件。

7. 推行勞資會議，此項工作雖勞資會議實施辦法已於七十四年五月發布，奠定事業單位推行工業民主的法令基礎，惟未具強制力，且因勞資雙方認識不夠，成效未臻理想。目前實施單位，計四七三家。

8. 妥適處理勞資爭議，以促進勞資和諧關係，近五年勞資爭議經由行政機關採取協調解決者，平均在百分之九十三以上。

㈢ 督導勞工福利：

1. 繼續輔導勞工建購住宅，運用勞保基金以融資方式提供貸款資金，比照國民住宅貸款，每年輔貸五千戶，由政府貼補利息，

六年來累積提撥五十億餘元，已貸出一萬二千三百餘戶，政府貼補貸款利息達二億五千餘萬元。七十五年度再提撥二十五億元辦理，已於八月十五日公告受理申貸。另各事業單位運用積存職工福利金建購住宅貸款亦繼續辦理，截至七十四年底計貸款一萬四千二百餘戶。現每戶貸款五十萬元，年息七厘。

2. 督導省市政府輔導事業單位設置職工福利委員會提撥福利金，截至七十五年五月已成立職工福利委員會四、九八九單位。七十四年度提撥的福利金計七十九億餘元，受益職工及眷屬六百餘萬人。

3. 繼續辦理鹽礦工福利，由內銷食鹽每噸提撥福利金二百元，七十五年度鹽工福利金達四千七百餘萬元，另煤礦每噸煤由產銷雙方各提撥福利金二元，提撥的福利金連同其他收入達五千六百餘萬元。

4. 依據「加強職工福利設施計畫」，督導省市運用社會福利基金，繼續興建各地勞工育樂休閒活動場所，除臺北市、基隆市、桃園縣、臺南市、高雄市等地勞工活動中心早已完成啓用外，臺北縣、苗栗縣、花蓮縣及臺灣省擬在中部埔里鎮開闢大規模勞工休閒中心，均積極規劃中。另七十五年度輔導各事業單位辦理勞工正當休閒活動計二萬三千餘次，勞工人數達三百餘萬人。

5. 輔導舉辦勞工文康體育活動，七十五年度計有由中央直接輔導於高雄市舉辦的第一屆全國勞工體能競賽大會，及臺灣省社會處與各縣市政府所舉辦的勞工運動大會九次，今後，擬擴大舉辦臺灣區勞工運動大會，預定自七十七年起在臺灣省、臺北市、高雄市輪流舉辦。

6. 繼續督導辦理勞工教育，輔導設置圖書室、發行勞工刊物及製

播「生產線」電視節目、「勞工天地」勞教廣播單元等。

㈣　健全工會組織:

1. 督導省(市)政府輔導成立工會,至七十五年九月,工會數有二、二二三單位,工會會員有一百六十五萬餘人,約佔勞工數(約五百多萬)百分之三十三,較之一般國家相差不多,惟間有工會組織不甚健全,今後當着重輔導與聯繫,促其健全發揮功能。

2. 輔導全國勞工舉辦慶祝「五一」勞動節各項活動,並選拔全國優良工會三十七單位,全國模範勞工一百五十人,於五月一日勞動節公開表揚。

3. 督同省(市)政府輔導各級工會配合辦理七十五年增額中央民意代表、工人團體立法委員及國民大會代表選舉。

4. 選派模範勞工十二人由全國總工會領隊訪問日、韓等國,藉資觀摩學習。

㈤　改進安全衛生:

1. 新訂或修訂勞工安全衛生法附屬法規;計新訂「鍋爐及壓力容器製造設施標準」、「工業用機器人危害預防標準」,及修訂「鍋爐及壓力容器安全規則」、「勞工安全衛生服務機構管理規則」、「異常氣壓危害預防標準」等。

2. 舉辦全國勞工安全衛生學術研討會、護士職業衛生研討會三期、鍋爐及壓力容器製前認可研討會三期,并督導檢查機構辦理雇主及安全衛生管理人員座談會四十餘次。

3. 辦理勞工作業環境測定計鉛工作場所四二件,石綿場所九十件,有機溶劑場所一五〇件,噪音六六件,粉塵八八件,規劃自動化氣相色層分析技術。

4. 編印勞工安全衞生叢書計有「職業性流行病學」、「農藥中毒預防」、「營造工地安全指南」、「木工機械安全」、「研磨作業安全」、「勞工安全衞生手册」、「如何申請製前認可」、「四氯化碳中毒研究報告」等手册及作業環境測定人員教材。

5. 繼續督導訓練機構辦理勞工安全衞生有關訓練，計管理人員五、四〇九人，危險機械操作人員四、九四一人，有害作業管理一、八七三人。

㈥ 加强勞工檢查:

1. 訂定年度檢查方針，督導檢查機構實施安全檢查一一、八九七廠次，衞生檢查一二、一八四廠次，勞動條件檢查一〇、〇五八廠次。另危險機具檢查一〇、四五九座次。

2. 積極依據行政院核定「加强工礦檢查機構功能，提高檢查效率」方案，督導省市改組勞工檢查機構、組織，目前臺灣省工礦檢查委員會已改組爲臺灣省勞工檢查委員會，幷將增加人員五十人（內檢查員四七人），臺北市及高雄市工礦檢查所已改組爲勞工檢查所，高雄市並將增加檢查員八人，高雄加工出口區增加檢查員二人。增加的檢查員已請考試院於七十五年十二月舉辦勞工檢查員乙等特考，於七十六年元月底放榜，三月進用，並卽舉辦檢查員專業訓練。

3. 辦理在職檢查員爆竹烟火、化學工業安全訓練。

4. 擴大危險機具代行檢查，目前鍋爐及壓力容器已實施代行檢查，起重機及人字臂起重桿的國營事業代行檢查員訓練亦已辦理完畢，正規劃代行檢查中。

5. 加强督導事業單位設置勞工安全衞生組織、人員實施自動檢查，目前僱用勞工在三十人以上的事業單位已有百分之八十完

成，正由檢查機構加速輔導提高自動檢查效率中。

二、就業輔導:

就業輔導是我國流行的名詞，但在國際間又通稱爲就業服務 Employment Service，這是配合工業發展需要而產生的一種制度，過去在農業社會裡，根本無此需要。我國政府在大陸時代致力於這方面的工作，僅屬於職業介紹，故通稱爲職業介紹。民國廿九年成立社會部，設有職業介紹科，曾令各地社會服務處設職業介紹組。抗戰勝利後，在上海、天津、漢口等市設立職業介紹所。政府遷臺後，在民國四十五年時，臺灣地區人口迅速增加，各大城市工商業發達，臺灣省政府配合實際需要，由臺灣省社會處於是年七月間，開始設置「臺灣省國民就業輔導中心」，試辦有關就業輔導業務，較諸過去職業介紹的業務擴大得多，且因試辦成效頗佳，乃於五十二年將該中心改組爲臺灣省北區國民就業輔導中心，同時在臺中市、高雄市分別設立中區、南區國民就業輔導中心。至五十五年省府爲擴大辦理國民就業輔導，於同年七月分別在基隆、臺南兩市設立基隆區及臺南區國民就業輔導中心，並將原有的北、中、南三區中心改稱臺北區、臺中區、及高雄區國民就業輔導中心，至今五所外，臺北市及高雄市先後改爲院轄市，亦分別成立臺北市國民就業輔導處及高雄市國民就業輔導所，共爲七所，下設就業輔導站卅八個，另於火車站及工業區設置服務臺九個。根據統計，七十五年全年向各公立就業輔導機構辦理求職登記人數，共計 265,606 人，雇主登記求才人數，共計 452,416 人，求職登記輔導就業人數，共計 118,949 人，求職就業率爲 44.78％，求才利用率爲 26.29％。

我國就業輔導行政，中央原是由內政部勞工司主管，設有就業輔導科負責，於七十年三月，改由新成立的內政部職業訓練局掌管，設有就業輔導組負責。臺灣省社會處原設一股辦理，後改第三科、又改第二

科，至五十五年七月再改由國民就業輔導室負責，現已改為第六科。目前臺灣省政府為期加強就業輔導績效，正遵照行政院核示：「加強就業服務方案」，積極的檢討改進中。不過，推行就業輔導工作，卅多年來，均係以行政命令頒行，致不能完全有效實施，由於至今沒有一個正式法律，可作為就業服務工作的依據，實在有早日制定的必要。

三、職業訓練:

職業訓練是勞動市場的重要部分，它可以協助青年準備進入勞動市場工作，也協助成年人剷除工作障碍，而對失業者更可以獲得一個安定的工作，同時也可以激發某一職業的人力資源移轉到另一職業，或是某一行業的人力移轉到另一行業工作。因此，職業訓練是經濟發展中一個有效的重要環節。世界許多工業發達國家，就業輔導機構多承辦職業訓練工作，或另設職業訓練機構專辦職業訓練工作，也由有關事業單位自設訓練單位，訓練員工，以應需要。我國也不例外，自六十五年起，行政院成立專技及職業訓練小組，負責有關政策及計畫的推動，訂有中華民國推行職業訓練五年計畫，頗使我國職業訓練有了轉機。近幾年來，政府大力推展職業訓練工作，亦已獲有相當成效，惟因分由不同機構辦理，缺乏統籌規劃，乃於七十年三月二日成立內政部職業訓練局，掌理全國職業訓練工作，至七十三年十二月五日又公布施行「職業訓練法」。這都是促使我國職業訓練建立完整的體制，逐漸步入正軌。

我國現有的公共職業訓練機構，較具規模者，計有下列十三所:

㈠　內政部職業訓練局泰山職業訓練中心: 其主要任務: 1.辦理師資訓練。2.與西德西門子公司合辦高級技工養成訓練。3.提供職業訓練技術服務。4.協辦技能檢定。5.協辦訓練規範、檢定規範及訓練教材之研訂工作。

㈡　內政部職業訓練局中區職業訓練中心: 其主要任務: 除為國家

培養技術人力外，並爲事業單位提供訓練服務。

㈢　內政部職業訓練局南區職業訓練中心：原爲經濟部所屬職業訓練中心，自七十三年七月改隸內政部職業訓練局。在成立之初，其主要任務係爲國營事業及其他公民營企業培訓金屬機械工業的技術人力。現在任務則爲培養一般基層技術人力。

㈣　內政部職業訓練局北區職業訓練中心：任務與上述南區職業訓練中心相同。

㈤　臺灣省北區職業訓練中心：隸屬臺灣省社會處，與臺北區國民就業輔導中心配合合作，舉辦各種職訓，協助一般國民、貧民獲得一技之長，以便輔導就業。

㈥　臺北市職業訓練中心：隸屬臺北市社會局，主要任務在訓練臺北市青年，以便就業。現分兩地，一在士林士東路，一爲分部在承德路，同時推行職訓活動。

㈦　退輔會職技訓練中心：隸屬行政院國軍退除役官兵輔導委員會，主要任務在訓練國軍退除役官士兵及其子女學習技藝，俾便就業。

㈧　靑輔會第一靑年職業訓練中心：隸屬行政院靑年輔導委員會，以訓練役畢高中畢業生獲得技藝爲主。

㈨　大陸救總職業訓練所：隸屬中國大陸災胞救濟總會，任務在訓練難胞、難僑及貧寒青年獲得技藝，以寓救濟於訓練爲宗旨。

㈩　東區職業訓練中心：由臺東私立公東高工附設技藝中心發展而成，以訓練山胞青年及貧窮青年爲主。

㈠　臺灣省南區職業訓練中心：係七十四年成立，隸屬於臺灣省社會處，其任務與上述北區職業訓練中心相同。

㈡　高雄市職業訓練中心：係七十四年成立，隸屬於高雄市社會局，主要任務在培養基層技術人力。

㈣　行政院農業發展委員會漁訓中心: 原隸屬於經濟部, 因農業發展委員會成立後隨農業局改隸於該會, 其主要任務在培養漁船船員。

以上十三所職訓機構的訓練容量, 約在八千人至一萬人之間, 但據我國推行職業訓練五年計畫估計, 在五年間, 每一年平均需補充技工數四四、六〇〇人, 可見各職訓機構能量距需要尚差甚遠, 亟應如何繼續擴增幾所, 同時如何鼓勵企業單位多多自辦職訓, 以補公共職訓機構的不足, 實是當務之急。

關於職業訓練最近統計, 據內政部職業訓練局七十五年十月的報告, 爲在訓者七、一九二人, 結訓者一、六七〇人, 包括職訓師資、技工養成、服務佐理人員、殘障者、漁業人員等在內。

四、社會保險:

自一八八三年德國創立疾病保險以來, 社會保險已有百年以上歷史。 根據統計, 截至一九八五年止, 全世界共有一四二國舉辦社會保險, 爲各國社會福利或社會安全體系中一種主要的制度。我國舉辦社會保險的歷史較短, 自創辦至今僅有四十餘年歷史, 這是從民國卅二年十月社會部在川北三臺縣辦理鹽工保險開始算起。民國卅八年, 中央政府遷臺, 爲履行建設臺灣, 反攻大陸政策, 乃先後辦理各種保險, 堪列爲社會保險範圍者, 計有勞工保險、軍人保險、公務人員保險、退休人員保險、公務人員眷屬疾病保險、退休公務人員疾病保險、私立學校教職員保險、私立學校退休教職員及配偶疾病保險、學生團體保險、漁民平安保險、及農民健康保險等多種, 茲依次分述其近況:

㈠　勞工保險:

政府遷臺後, 立卽責成臺灣省政府社會處, 依照國家旣定政策, 負責籌辦社會保險。經社會處邀集專家學者數度研議結果, 乃按照各國舉辦社會保險先例, 以勞工爲對象, 特先試辦勞工保險。卅九年一月廿一

日，省政府委員會議通過「臺灣省勞工保險辦法」及「臺灣省勞工保險辦法實施規則」，呈報行政院備案，同年三月一日起實施。在創辦之初，保險業務係由省政府委託臺灣人壽保險公司專設勞工保險部辦理，其財務會計及業務，與該公司劃分，完全獨立。另由省政府設置勞工保險管理委員會負責監督業務，設置勞工保險基金監理委員會負責監管基金及財務。依照規定辦法，採取逐步擴展保險範圍的分期施行方式，初以廠礦事業雇用的產業工人為保險對象，投保者僅十二萬餘人，嗣後逐漸增多：第一期自卅九年三月一日開始，辦理公營廠礦交通公用事業單位與雇用工人在百人以上民營廠礦的勞工保險；第二期自卅九年七月一日開始，辦理雇用工人在百人以下，二十人以上民營廠礦的勞工保險；第三期自四十年六月一日開始，辦理雇用工人在二十人以下，十人以上民營廠礦的勞工保險，同時雇用工人在十人以下者得自由參加；第四期於四十年八月二日，省政府頒布「臺灣省職業工人保險辦法」，自同年九月一日開始，辦理職業工人保險；第五期於四十年二月二十七日，省政府又頒布「臺灣省漁民保險辦法」，自同年三月一日開始，辦理漁民保險；第六期自四十五年七月一日開始，受託兼辦蔗農保險。以上各種保險，均係依照臺灣省政府的單行法規辦理，但遵照憲法一零八條規定：「勞動法及其他社會立法」，應「由中央立法，並執行之，或交由省縣執行之」。因而勞工保險法規自屬於憲法上規定的勞動法之一，地方政府無權立法，故多年來立法院數次會期內，為此一再提出質詢，至四十五年度中央總預算審查意見中，特別訂明應速擬定勞工保險法案送請審議，內政部乃於四十六年五月將「勞工保險條例」草案，報由行政院核轉立法院審議，歷時年餘始通過，於四十七年七月廿一日由　總統令公布，是為全國性正式立法。四十九年三月一日，內政部發布勞工保險條例施行細則後，同年四月由行政院命令指定臺灣省施行，臺灣省政府即將過去

各種臺灣省單行的勞工保險法規一併廢止。同時依新條例，原有勞工保險部由臺灣人壽保險公司分出，改爲臺灣省勞工保險局，另由勞方、僱方、政府、專家四方面代表組成勞工保險監理委員會監管之。五十七年七月五日，立法院又將勞工保險條例修正通過，總統於同月廿三日公布，於五十九年一月一日施行。依新條例，臺灣省勞工保險局改爲臺閩地區勞工保險局，擴及金門馬祖地區，並增加疾病給付的門診，又將保險對象擴大「受僱於僱用十人以上公司行號之員工」。六十二年四月三日通過臺灣省漁會等團體請求修正「勞工保險條例有關沿岸河沼養殖漁民保險費規定」請願案，及臺北市商會等團體請將「百貨業、商店專用員工納入自由投保」請願案，修正勞保條例第十條及第十八條，均經總統於同月廿五日明令公布施行。六十五年九月，內政部研修勞保條例草案，至六十六年四月報請行政院審核，同年五月送請立法院審議，至六十八年一月十八日通過，二月十九日　總統令修正公布，同年二月廿一日生效施行，這就是現行勞保條例，共七章，七十九條，修正幅度相當大，頗多改進，其業務近況如次：

1. 保險機關：

由內政部主管，其業務則由「臺閩地區勞工保險局」負責辦理臺閩地區勞工保險承保、收受保險費與核發保險給付等業務，業務範圍包括臺灣省、臺北市、高雄市及福建省金門與馬祖等地。另設「臺閩地區勞工保險監理委員會」，爲負責監督勞保業務及審議保險爭議事項。

2. 保險對象：

依現行條例，勞保的强制投保對象爲：凡年滿十四歲以上，六十歲以下合於規定的勞工，均應以其雇主或所屬團體爲投保單位，全部參加勞保爲被保險人，計有八種：①受僱於僱用勞工五人以上公民營工廠、礦場、鹽場、農場、林場、茶場的產業勞工及交通、公用事業的勞工。

②受僱於僱用五人以上公司、行號勞工。③受僱於僱用五人以上新聞、文化、公益及合作事業員工。④政府機關、公立學校技工、司機、工友。⑤政府機關、公立學校約聘、約僱人員。⑥登記有案職業訓練機構受訓技工。⑦專業漁撈勞動者。⑧無一定僱主而參加職業工會勞工。至自願投保的對象，則為强制投保對象各業以外的勞工，暨四人以下單位受僱員工，自願參加勞保者，得比照辦理投保，但非依規定不得中途退保。由於保險對象的不斷擴大，投保單位及被保險人數均逐年顯著增加，截至七十五年十二月底止，投保單位共十二萬七千四百零六個，投保人數為四百七十一萬一千九百六十九人。

3. 保險財源：

我國勞工保險為社會保險之一，對於財務的籌措，亦按各國成例，除行政事務費由臺灣省政府負擔外，各項保險給付所需財源，來自僱主與被保險人所繳保險費。由於勞保採綜合立法，其保險費亦按綜合保險費率計收，現勞保分普通事故保險與職業災害保險兩類，普通事故保險費率訂為被保險人月投保薪資的 6 ％－ 8 ％，自六十八年十二月起核定為 7 ％；職業災害保險費率，則依三十八種行業的危險程度、災害事故率及最近三年間保險給付實績訂定，最高為 3 ％，最低為 0.29 ％，其平均費率為 0.8 ％，即普通事故保險與職業災害保險兩者合計僅收 7.8 ％，與各國相比，顯然偏低。至於投保薪資，乃係配合工資水準變動及基本工資調整訂定，現童工最低為五、一○○元，成年勞工最低為六、九○○元，最高為一五、六○○元，共分二十三級。保險費的分擔方面，規定有僱主的各類被保險人，普通事故保險費由被保險人本人負擔百分之廿、僱主負擔百分之八十；職業災害保險費則全部由僱主負擔。無一定僱主的職業工人，普通事故保險費及職業災害保險業，均由省市政府補助百分之四十，被保險人本人負擔百分之六十。

專業漁撈勞動者，被保險人本人不直接繳納保險費，其普通事故保險費及職業災害保險費，均在各魚市場按成交魚貨售價總額百分之一點三，向魚貨主扣繳，繳存勞保局專戶存儲，在專業漁撈勞動者保險費備付金項下提撥。

　　4.　保險給付：

現有給付種類，分生育、傷病、醫療、殘廢、老年、及死亡等六種，依法還有失業給付一種，但迄未開辦。因各種給付悉依規定，說明較繁，均可從略。茲單就保險給付受益情形言之。根據統計，勞保自民國三十九年開辦至民國七十五年十二月底止，共計核發各種保險給付總件數達三億五千零八十八萬餘件，給付總金額逾新臺幣一千五百九十億餘萬元。以七十五年一至十二月爲例，各種保險給付支出計三百零九億二千餘萬元，平均每月約支出二十五億七千六百餘萬元，可見爲數可觀，被保險人給付受益亦多。在七十五年一至十二月各種給付中，醫療給付共核發一百八十七億五千三百餘萬元，占全部給付總額的百分之六十點六五，同時在七十五年一至十二月各種現金給付中，老年給付共核付四十九億七千八百餘萬元，占當年給付總額百分之一六點一〇，可見近年勞保給付中醫療給付及老年給付都呈同樣增加現象，今後仍將逐年增加。

　　5.　財務收支：

自卅九年開辦勞保至今，保險財務收支尚稱平衡。截至七十五年十二月底，歷年應收保險費總額共新臺幣一千七百七十億五千餘萬元，除支付各種保險給付新臺幣一千五百九十億餘元外，其餘均提撥基金，並加以運用孳息，現已積存勞保基金計新臺幣二百六十三億八千六百餘萬元，備供未來支應老年給付及其他給付之用。

　　6.　基金運用：

勞保基金的運用孳息，政府依照一套法令規章，以及監督管理制度，使其達成保全與保值的目的。現有勞保基金的運用，尚屬靈活穩妥，並能配合政府政策及勞工實際需要，作各項社會福利措施。例如近年為配合興辦勞工福利事業需要，提撥基金五十三億二千八百萬元，專作被保險勞工購建住宅之用；提撥基金三十二億元，貸予成功大學興建附屬醫院作為勞保特約醫院。因此，勞保基金均能有效的運用。

㈡　軍人保險：

我國軍人保險的創辦，始自民國卅七年三月，其目的在於保障國軍官兵及其眷屬生活，增進官兵福利。惟因大陸變色，不得不中途停辦。迨我政府遷臺以後，卽行着手繼續舉辦。首先有「軍人保險計畫綱要」，於卅九年四月十三日經　總統批准，交由聯勤總司令部會同中央信託局籌辦，旋卽訂定「軍人保險辦法及施行細則」，自卅九年六月一日起實施，同時設立「軍人保險管理委員會」負決策及監督之責，業務則交由中央信託局承辦，開始先辦理軍官部分保險。至四十二年十月，復將原辦法修改為「陸海空軍軍人保險條例」，完成立法程序，同年十一月十九日，由　總統令公布施行。四十五年又修正，同年十二月十八日公布。四十九年七月起辦理士兵部分保險。五十九年一月卅日再修正為現行的「軍人保險條例」，同年二月十二日公布施行，其業務近況如次：

1.　保險機關：

由國防部主管，其業務委託中央信託局辦理。

2.　保險對象：

現役軍官、士官、士兵為被保險人；軍中編制內聘雇人員，得按核定職位，比照軍階參加保險。

3.　保險財源：

保險費率以被保險人保險基數金額為計算標準：將官百分之六、校

官百分之五、尉官百分之四、士官、士兵百分之三。軍官應繳保險費，由國庫補助百分之六五，自付百分之三五，士官、士兵的保險費，全數由國庫負擔。保險基數金額，由行政院定之。至保險基數的計算，軍官以其每月薪俸爲一個基數，士官、士兵以其每月薪俸及副食費爲一個基數。

4.　保險給付：

分死亡、殘廢二種，並附退伍給付，其給付標準：

①　死亡給付：作戰死亡者，給付四十八個基數；因公死亡，四十二個基數；因病或意外死亡，三十六個基數。

②　殘廢給付：作戰成殘者，一等殘給付四十個基數，二等殘三十個基數，三等殘二十個基數，重殘障十個基數。因公成殘者，一等殘三十六個基數，二等殘二十四個基數，三等殘十六個基數，重殘障八個基數。因病或意外成殘者，一等殘三十個基數，二等殘二十個基數，三等殘十二個基數，重殘障六個基數。

③　退伍給付：保險滿五年，給付五個基數；超過五年者，自第六年起至第十年，每超過一年，增給一個基數；超過十年者，自第十一年起至第十五年，每超過一年，增給二個基數；超過十五年者，第十六年起，每超過一年，增給三個基數；保險滿二十年者，每超過一年，增給一個基數，最高以四十五個基數爲限。

5.　保險基金：

設置保險基金，其基金數額，依實際需要，由國防部會同財政部呈請行政院核定，由國庫撥充。此項基金保管運用辦法，由國防部會同財政部定之。

㈢　公務人員保險：

我國公務人員保險，早於民國十七年，即有所擬議，是年十二月十

七日，公布銓敘部組織法時，在第六條獎邮司的職掌中，已明定公務人員保險爲該司職掌之一。二十三年間，考試院提出籌辦公務人員保險方案，交由銓敘部規劃，嗣經抗戰到行憲後政府遷臺，再繼續研討，直至四十七年一月，立法院始通過「公務人員保險法」，同月二十九日 總統明令公布。同年八月八日，考試院公布「公務人員保險法施行細則」，翌月正式開辦。六十二年底，又提出「公務人員保險法修正草案」，經立法院於六十三年一月十八日通過，由 總統於同月廿九日令修正公布施行，現行制度悉依新法規定辦理，其業務近況如次：

1. 保險機關：

由銓敘部主管，並由銓敘部會同有關機關，組成「公務人員保險監理委員會」，監理保險業務。中央信託局爲法定承保機關，設置「公務人員保險處」，專責辦理公保業務。

2. 保險對象：

凡是依法組織的政府機關，均爲公務人員保險的要保機關。被保險人，指有給公務人員。至七十五年十二月底止，被保險人數有四八三、四七三人。

3. 保險財源：

公務人員保險係採責任分擔的原則，被保險人必須負擔一部分保險費的義務，每一參加保險的被保險人均須按月繳納保險費，保險費的計收或繳納，隨着「保險費率」、「保險俸給」及「負擔比率」三個因素變化：

① 保險費率：爲被保險人每月保險俸額的百分之九。

② 保險俸給：係依據被保險人每月俸給爲準，隨公務人員的年給晉薪、政府調整待遇或其他因素的影響，而逐漸提高。

③ 負擔比率：按被保險人保險俸給百分之九計算，每月繳付，

被保險人自付百分之卅五，政府補助百分之六十五。被保險人每月應繳保險費，為每月俸額百分之三點一五。

中央信託局公務人員保險處除專責辦理公保外，並負責承保盈虧責任，如財務有虧損，則由財政部審核撥補。

4.　保險給付：

分生育、疾病、傷害、殘廢、養老、死亡及喪葬七項。生育、疾病、傷害事故發生時，給予免費醫療。其餘四項事故發生時，則採現金給付：

①　免費醫療：

一生育助產：被保險人本人或配偶產前檢查，分娩住院及新生嬰兒的食宿護理費用，均由承保機關負擔。生育住院的免費期限，無論是生產之日起算，或以生產的前後各日合計均不得超過七日。

一傷病醫療：被保險人發生疾病傷害保險事故時，其免費範圍，屬於內科系統的普通內科、胸腔內科、腸胃科、精神病科等、及外科系統的眼科、耳鼻喉科、婦產科、泌尿科、骨科、皮膚科等診察及治療；牙科的口腔疾病診察及治療、病齒拔除、齲齒治療及磁粉銀粉塡補等；放射、X光線、核子等的檢查治療；一般物理治療及超短波電療等；臨床經驗的病理化驗、細菌檢查、生化檢查及病理檢查等。被保險人如患有各種傳染病、癩病、精神病、肺結核等病症時，經保險醫療機構診斷後，轉送承保機關委託的特設醫院予以免費醫療。

一健康檢查：五十九年起承保機關訂定健康檢查實施辦法，每年舉行一次，由設有聯合門診中心的地區辦理，其他地區，由設置檢查站辦理，或委託特約醫院辦理。

②　現金給付：

給付金額以被保險人當月俸給數額為計算標準：

一殘廢給付：因執行公務或服兵役致成殘廢者，給付卅六個月、半殘廢者十八個月、部分殘廢者八個月；因疾病或意外傷害成全殘廢者，給付卅個月、半殘廢者十五個月、部分殘廢者六個月。

一養老給付：請領養老給付，繳付保險費滿五年者，給付五個月；繳費超過五年者，自第六年起至第十年，每超過一年增給一個月；繳費超過十年者，自第十一年起至第十五年，每超過一年增給二個月；繳費超過十五年者，自第十六年起至第十九年，每超過一年增加三個月；繳費二十年以上者，給付卅六個月。

一死亡給付：因公死亡、病故或意外死亡時，給予指定受益人或其法定繼承人的給付，因公死亡者給付卅六個月，病故或意外死亡者給付卅個月。

一眷屬喪葬津貼：眷屬包括父母、配偶及子女。父母及配偶津貼三個月；子女年滿十二歲未滿廿五歲者二個月，未滿十二歲及已有出生登記者一個月。

除上述公務人員保險外，復於五十四年八月開辦退休人員保險，七十一年七月辦理公務人員眷屬疾病保險，七十四年七月辦理退休公務人員疾病保險及退休公務人員配偶疾病保險，均先後另訂法規辦理，對退休人員或公務人員及其眷屬等受惠良多，茲分別簡述之：

1. 退休人員保險：

此項退休人員保險，乃是政府為加強公務人員退休後的福利政策，應用保險技術，採用任意方式，對於退休人員遭遇生、病、傷、殘、死等事故時，繼續提供保險給付，以保障其退休後的基本生活及醫療照顧為目的之一種個人保險制度，在性質上雖非強制性方式，但在本質上可說是公務人員保險的延伸，故應屬於社會保險範圍之內。民國五十三年三月廿日考試院公布退休人員保險辦法，於五十四年八月一日起開辦，

六十四年二月十九日考試院、行政院會同修正公布，其中退休人員保險
有關保險費率、給付項目及標準等，另有規定外，餘皆比照公務人員保
險法辦理。

① 保險機關：

一承保機關：中央信託局公務人員保險處承辦有關退休人員保險
業務。

一要保機關：被保險人退休時的原服務機關爲要保機關，若其原
服務機關裁撤時，以其上級機關爲要保機關。

主管機關及監理機關均與公保相同。

② 保險對象：

凡公務人員保險的被保險人，依退休法或銓叙部核備有案的退休
規則退休時，未領養老給付者，得參加此項保險爲被保險人。所謂未領
養老給付者，包括下列兩種情形：甲、參加公務人員保險時繳付保險費
五年以上，依法退休時應請領公保養老給付而不請領者。乙、參加公務
人員保險時繳付保險費未滿五年，依法本不應請領公保養老給付，而亦
認爲未領養老給付者。至於資遣人員亦比照辦理。惟參加退休人員保險
者，依規定應於退休後兩個月內塡具改保申請書，辦理要保手續，逾期
不予受理，但若加保後兩年內因故退保，仍得依規定請領原請領的公保
養老給付。據公保處統計，截至七十四年六月底止參加退休人員保險的
被保險人數計有九千九百十二人。

③ 保險費率：

一保險費率：現爲退休時公保保險俸額的百分之八。

一保險負擔：被保險人負擔全額保險費，政府不予補助。

④ 保險給付：

退休人員保險給付項目，除無養老給付外，餘皆比照公保規定辦

理。惟在實際上，由於退休人員年齡大者較多，在醫療給付中生育給付一項，較少領得，但其他傷病醫療給付支出則較公保醫療給付高出頗多。

2. 公務人員眷屬疾病保險:

公務人員眷屬疾病保險條例，係依據公務人員保險法第十一條規定，公務人員的眷屬疾病保險另以法律定之，於民國七十一年一月廿三日，由　總統明令公布，同年七月一日實施至今，這是一種單獨立法的個別保險制度。

① 保險機關:

此項保險的保險人，仍由中央信託局公務人員保險處負責辦理，至其主管機關及監理機關仍與公保相同。

② 保險對象:

公務人員眷屬除已參加軍人保險、公務人員保險、勞工保險、私立學校教職員保險者外，應一律參加此項保險為被保險人。惟此項保險所稱公務人員眷屬，係包括公務人員的配偶、父母及未婚子女在內，但年滿二十歲以上的未婚子女，以在校肄業且無職業，或受禁治產宣告尚未撤銷，或殘廢而不能自謀生活者為限。目前眷屬的適用對象，先行開辦配偶，至於父母子女則依次序視實際需要分期實施。據公保處統計，截至七十四年六月底止，參加眷保的被保險人數計有十八萬零二百六十六人。

③ 保險費率:

一保險費率: 每一眷口為公保被保險人每月保險俸給百分之三至百分之五，目前費率為百分之三。

一保費負擔: 被保險人自付保險費的百分之五十，政府補助百分之五十。

④保險給付:

此項保險給付，包括疾病及傷害兩種給付在內，依照規定，被保險人罹患傷病接受醫療時，除須負擔掛號費及門診藥品費百分之十外，其餘醫療費用概由保險人負擔。至於眷保被保險人享受傷病醫療的醫療院所、住院等級及治療範圍等，除另有規定外，均依照公保有關法令規定辦理。

3.　退休公務人員疾病保險:

此項保險乃是政府為加強公務人員退休後的身體健康照顧，應用保險技術，採用強制方式，對於退休公務人員遭遇疾病及傷害事故時，提供醫療給付，以保障其退休後的基本醫療照顧為目的之一種社會保險制度。民國七十四年五月十六日，考試院會同行政院發布公務人員疾病保險辦法，同年七月一日起實施。凡已參加退休人員保險者，得自由選擇繼續參加原辦法，或參加新辦法，但新辦法實施後的退休人員則一律以參加新辦法為限。

①　保險機關:

—承保機關: 中央信託局公務人員保險處承辦有關退休公務人員疾病保險業務。

—要保機關: 被保險人退休時的原服務機關為要保機關，原服務機關裁撤時，以其上級機關為要保機關。至於主管機關及監理機關均與公保相同。

②　保險對象:

凡依公務人員退休法或銓敘部核備有案的退休規章退休者得依規定參加本保險為被保險人，但原已領取公保養老給付未參加退休人員保險者，以及公保被保險人於民國六十七年十一月十二日後依法資遣者，均得依規定在新辦法施行後六個月內參加本保險，逾期承保機關不予受

理。據公保處統計，截至民國七十四年十二月底止，參加本保險的被保險人數計有三萬二千六百三十五人。

③ 保險費率：

－保險費率：為被保險人每月保險俸額百分之六至百分之十二，而開辦初期訂為百分之九。

－保費負擔：被保險人自付百分之五十，政府補助百分之五十。

－保險俸額：保險俸額除本保險施行前已參加原退休人員保險，且領一次退休金者，改保後採固定保俸外，其餘退休人員的保俸均隨同等級現職人員保俸調整。

④ 保險給付：

此項保險給付項目，包括疾病及傷害的門診及住院診療兩種，但生育及產前檢查不包括醫療給付範圍。惟被保險人罹患傷病接受門診時，須自付門診藥品費百分之十，餘由保險人負擔。

4. 退休公務人員配偶疾病保險：

此項保險是一種任意性保險制度，自民國七十四年七月一日起實施，凡退休公務人員保險被保險人的配偶，得參加本保險。但前項退休公務人員退保時，則其配偶應隨同退保。截至民國七十四年十月底止，參加本保險人數計有二萬零三百六十九人。至其有關保險費率及保險給付等規定均與退休公務人員疾病保險相同。

㈣ 私立學校教職員保險：

近年臺灣地區的教育，日趨發展。據統計資料，現有各級學校有四千九百餘所，各級學校學生數有四百五十餘萬人，私立學校約佔百分之二十三強，私立學校教職員數有三萬八千三百餘人，由此可見私立學校及教職員為國家教育兒童青少年，造就各級各類人才，其貢獻甚大。但大多數私立學校因經費困難，其教職員待遇較為菲薄，遇有傷病，其生

活卽感到困苦異常。由於公立學校教職員皆可納入公務人員保險，而私立學校教職員非公保規定的投保對象，雖經多年來的爭取而未能成功。近勞工保險條例修正規定私立學校教職員可參加投保，卻使他們感覺是一種歧視而不滿，遂致很少一部分人加入勞保，據查不到三千人，不及十分之一，這顯然是事實的證明。後因各方建議應比照公立學校教職員保險規定，政府爲求私立學校的健全發展，增進教職員的福利，安定教職員的生活，乃由教育部擬訂「私立學校教職員保險條例草案」，於六十九年六月間，經由行政院及考試院先後會議通過，六十九年七月廿二日又經立法院通過，八月八日由　總統公布，並於十月一日施行，其業務近況如次：

1.　保險機關：

由銓敘部主管。私立學校申請爲本保險要保學校，須經主管教育行政機關核准，並函請銓敘部備查。中央信託局接受委託，承辦保險業務。

2.　保險對象：

凡私立學校編制內有給專任的教職員，參加本保險，爲被保險人。

3.　保險財源：

要保學校教職員的保險費率與公務人員保險同，惟由被保險人自付百分之卅五，學校負擔百分之卅二點五，政府補助百分之卅二點五。被保險人自付的保險費，由各要保學校按月照保險薪資扣繳，連同學校負擔及政府補助的保險費，於當月十五日前彙繳承保機關。承保機關負盈虧責任，如有虧損，由財政部審核撥補。

4.　保險給付：

保險給付項目及免費醫療與現金給付等規定，均與公務人員保險相同，茲從略。

㈤　學生團體保險：

學生團體保險乃係政府基於政策性考量，應用保險技術，採用強制方式，對於在學學生遭遇疾病，或傷害，或致殘廢或身故時，提供保險給付，俾獲得金錢上補助的一種團體綜合保險，由於辦理這項保險絕非以營利為目的，所以在性質上也是屬於社會保險範疇之內。這項保險經臺灣省政府多年的審慎籌劃，於民國六十四年間制訂「臺灣省政府推行學生團體平安保險辦法」，原是臺灣省的一種單行法規，由臺灣省政府指示臺灣人壽保險公司自同年八月一日起，以省屬各級學校學生為對象，先行試辦一年，當時投保學生人數為三百六十一萬餘人，試辦情況良好，於六十五年八月一日起，奉准正式辦理，同時教育部所屬國立學校及臺北市公私立各級學校亦相繼委託加入本保險，乃使投保學生人數增至四百卅餘萬人，成為我國社會保險中最大的團體傷害保險。嗣經六十八年五月及六十九年六月兩度修正辦法，至七十一年八月再度修正辦法，擴大保險範圍，增加辦理疾病住院醫療保險，並更名為「臺灣省學生團體保險辦法」，中央及高雄市各級學校亦比照委託辦理，每年的投保人數均有不斷成長，至今已達四百六十餘萬人。其實施的近況分述如次：

1. 保險機關

① 承保機關：本保險經教育部、臺灣省政府、臺北市政府、及高雄市政府指定公營的臺灣人壽保險公司為保險人，專司負責承辦有關學生團體保險業務。

② 要保機關：各級學校為要保機關，以各校校長為要保人，如校長無法執行職務，或因人事更替暫為懸缺時，則由其職務代理人為要保人。

據臺灣人壽保險公司統計，截至七十四年六月底止，共計參加本保險的學校單位數有三千七百九十五個。

2. 保險對象：依照規定，凡下列各學校具有學籍的在學學生均為

被保險人:

　　①　國民小學、國民中學、公立高中、高職、師專與附小、及專科以上學校。

　　②　經立案的私立小學、中學、高中、高職、及專科以上學校。

　　③　上述兩款各級學校所附設的夜間部、補習學校、及獨立補校。

　　④　公私立特殊學校（啓聰、啓明、仁愛等特殊學校）。

　　⑤　臺灣省警察學校。

　3.　保險費率:

　　本保險的保險費率，採低費率原則。現爲每人每年爲一百五十八元，其中政府補助每一學生四十元，其餘一百十八元分兩次交付，由要保人在每一學期時向學生收取五十九元。山地、離島等偏僻地區、或是貧困家庭的學生，政府爲積極照顧低收入民衆生活政策下，全額由政府補助之。

　4.　保險給付:

　　被保險人因罹患疾病或遭遇意外傷害事故，致死亡、殘廢、或需要治療時，提供保險金，但疾病治療僅含住院，不包括門診在內:

　　①　身故保險金: 發給十萬元。

　　②　殘廢保險金: 按其殘廢程度等級發給不同的殘廢保險金: 最高第一級發給十萬元，最低第五級爲一萬六千元。凡領受第一級殘廢者，另給生活補助津貼十萬元。

　　③　醫療給付金

　　　Ⅰ、傷害及疾病住院治療方面:

　　　　(Ⅰ)　病房費用: 每天最高以一百廿元爲限，最多以六十天爲限。

　　　　(Ⅱ)　醫藥及Ｘ光檢驗等費用: 最高以二千元爲限。

　　　　㈢　外科手術費用：一般手術最高以五千元爲限，重大手術
　　　　　　最高以二萬元爲限。

　　Ⅱ、傷害門診治療：不分治療項目，以實際住醫院、診所治療
　　　　的天數，而非以每次拿藥的天數計算，第一、二天最高給
　　　　付以二百元爲限，其餘每天以一百廿元爲限，而每一保險
　　　　期間（指每年八月一日至次年七月卅一日）最多以六十天
　　　　爲限。

　　Ⅲ、保險給付期：被保險人在保險期間內發生疾病或外來突發
　　　　的意外傷害，而在保險期滿後身故、殘廢或繼續治療者，
　　　　只要身故或確定殘廢或繼續治療的期間，在發生疾病或傷
　　　　亡日起一百八十天以內者，均由保險人負責給付。

　　據統計，學生平安保險自開辦以來，發生保險事故七十餘萬人次，
理賠金額廿一億一千三百八十餘萬元。從七十餘萬人次理賠案件當中，
進一步分析事故發生原因，得知造成學生意外死亡方面，以車禍最多，
達百分之四〇‧六四，次爲溺水，再其次爲意外墜落；在殘廢方面，以
機械受傷最多，達百分之四三‧四五，次爲車禍，再其次爲運動遊戲；
在醫療方面，則以意外墜落最多，達百分之二六‧六七，其次車禍，再
其次爲運動遊戲。由此顯示車禍及游泳溺水成爲學生生命安全維護與教
育的一項重要課題。因此，臺灣人壽保險公司特自六十九年起研擬一項
「加強防止學生意外事故發生推展計畫」，積極從防止溺水、防止車禍、
防止山難、以及加強急救措施等方面，配合有關社團及救生單位大力推
展。近年這項計畫實施以後，業已獲致相當的成效。

　　㈥　漁民平安保險：

　　根據最近統計，臺灣地區漁民總數已超過六十萬人，其中除養殖業
外，從事漁撈的人口達四十五萬六千多人，經年累月地辛勞工作，使我

國漁業，無論遠洋、近海和養殖方面都有不斷的成長。政府一向重視漁業發展，更關心漁民們的生活、安全與福利，乃以社會保險制度，加強漁民的保護。早在民國卅九年開辦勞工保險時，即曾將從事漁撈勞動的漁民列為承保對象，但至今並未全部納入。至六十八年，政府有鑒於漁民在海上作業特別容易受到天然災害的海難威脅，最需要保障，遂制訂「臺灣省漁民平安保險辦法」，由臺灣省政府於同年十二月十四日正式發布，自六十九年一月一日起實施，高雄市也同時比照實施，其實施的近況，分述如次：

1. 保險機關：

① 承保單位：由臺灣省政府指定臺灣人壽保險公司為承保單位。

② 要保人：由經營漁船的漁船主，或漁塭主為要保人。

2. 保險對象：凡是實際從事漁撈工作的漁船船員，淺海或魚塭養殖等漁民，均可參加本保險為被保險人。

3. 保險費率：政府因基於社會福利政策的考慮而舉辦，計畫以漁民十萬人參加保險為基礎，從低厘訂本保險的費率。政府與各地區的漁會補助部分保險費，其餘由船主或魚塭主負擔，即每一漁民最低投保平安保險十萬元，保費五百六十元，由船主負擔五百元，政府補助六十元，漁民本身不必負擔保險費。

4. 保險給付：

① 由被保險人本人及配偶，或法定的繼承人為本保險的受益人。

② 漁民參加保險後，不論在陸上或海上，一旦發生意外事故，以致身故或殘廢時，都可依照投保的保險金額給付保險金，其失蹤逾三個月以上者，亦可申請給付。

③ 凡在海上作業時發生事故遇難的漁民，一律按原投保的金額

加一倍給付保險金。

本保險自六十九年開辦以來，因採自由投保的方式，漁民仍未立卽全部參加投保，但危險性較高的遠洋和近海漁民，投保的比率則較高，其中尤以基隆與高雄兩大漁港的遠洋漁民參加保險的意願與行動最爲積極，再加由於政府有關單位全力宣導，以及各地區漁會的配合協助推行，促進漁民對本保險的瞭解及投保意願，使參加投保的漁民人數，逐漸增加，截至七十四年底止，投保人數，較開辦時已增加百分之一三六。現今漁民的投保率，雖然仍不算高，但是四年來亦使近六百位被保險人及其家屬確已獲得保險的利益。

㈦　農民健康保險：

行政院爲貫徹保障農民生活，增進農民身體健康，於七十三年七月指示臺灣省政府，參照開辦勞工保險前例，以行政命令先行試辦農民健康保險，以吸取經驗，作爲將來全面立法的參考依據。臺灣省政府遵照指示，訂定「臺灣省農民健康保險暫行試辦要點」，報奉行政院核備後，於七十四年十月廿五日，在臺灣光復四十週年紀念日宣告正式試辦一年，經試辦一年以後，各方反應良好，行政院決定繼續試辦一年，其業務近況如次：

　1.　保險機關：

　　①　主管機關—在省爲省政府，在縣市爲縣市政府。

　　②　業務監督及爭議審議機關—農民健康保險監理委員會（農民代表、專家、及政府代表組成）。

　　⑤　業務承辦機關—臺閩地區勞工保險局。

　2.　保險對象：

選定全省四十一個農會爲投保單位，並經會員大會通過後，其全體會員均參加被保險人，截至七十五年十二月底止，參加農保被保險人數

為十一萬三千三百六十五人。

　　3.　保險財源：

　　①　保險費率—為被保險人月投保金額百分之五點八。

　　②　投保金額—依勞保成年被保險人最低投保薪資六千九百元計算。

　　③　保費分擔—被保險人自行負擔百分之四十；投保單位補助百分之十；政府補助：中央負擔百分之廿五，省府負擔百分之十五，縣市政府負擔百分之十。

　　④　保費繳納—被保險人自行負擔保險費於每年五月底前與十一月底前分二次送繳投保單位；投保單位於三十日內將收得保險費向指定行、庫、局繳清；保險費繳納後不予退還。但保險效力終止日起至期滿日止已繳保險費或非因可歸責於投保單位或被保險的事由所致者，不在此限。

　　4.　保險給付

　　分現金給付、醫療給付。現金給付包括生育給付、喪葬補助二種。其中生育給付分本人及配偶均按月投保金額給付二個月，喪葬補助為五個月。醫療給付包括傷害給付、疾病給付二種，分門診及住院醫療。

　　5.　保險基金：

　　①　基金來源—開辦之初，由臺灣省政府一次撥付相當於應收保險費二個月份的金額，作為保險基金。

　　②　基金運用—比照勞工保險條例有關規定辦理。

　　6.　保險經費：

　　①　事務費及人事費不得超過當年度應收保險費總額百分之五點五。

　　②　由承保機關編列預算報請省府撥付。

臺灣省政府實施農民健康保險以來，各方反應良好，咸認為嘉惠農民的一大德政。惟試辦一年多來（自七十四年十月廿五日起，至七十五年十二月底），投保人數計十一萬三千多人，所收保險費僅五億五千五百餘萬元，給付支出估計約九億八千二百餘萬元，收支相抵結果，尚不足四億二千七百餘萬元，這顯然是筆相當大的虧損，倘若繼續下去，將會造成更大的虧損。推究其主要原因，為農民健康保險的被保險人無年齡的限制，被保險人平均年齡高達五十四歲，以致就診治療比率特高，而保險費率偏低，於是入不敷出，乃有虧損累累的問題，政府便因此而暫時繼續試辦，未能全面實施。其實虧損問題並非完全無法解決，祇要針對虧損的主要原因，設法作妥善的適度調整後，即可全面推展，使全國農民均能獲得保障。

五、社會救助:

社會救助 Social assistance 一詞，在國際間很早就通用公共救助 Public assistance。我國於民國五十年左右，內政部社會法規整理委員會修改社會救濟法為社會救助法，乃在國內始用社會救助一詞。後行政院於五十四年頒布「民生主義現階段社會政策」，明定七大實施要項中包括社會救助，於是成為國內正式通用的法定名詞。由於社會救助是現代大多數國家推行社會安全制度或社會福利制度的重要措施之一，我國政府亦早就注意及此，除在卅六年公布施行的中華民國憲法第十三章基本國策社會安全第一百五十五條明定：「國家為謀求社會福利……人民之老弱殘廢，無力生活及受非常災害者，國家應予以適當之扶助與救濟」外，至中國國民黨九屆二中全會於五十三年十一月十二日在臺北開會，通過「民生主義現階段社會政策」，翌年又透過行政院頒行，明確的在政策中將社會救助列為七大實施要項之一，並特別規定將原有的社會救濟法修訂為社會救助法，由此建立現代化的社會救助制度，藉以擴大社會救

助積極性的效果。臺灣省政府、臺北市政府及高雄市政府均先後秉承中央決策，分別訂定有關單行法規及計畫，辦理社會救助工作。最初在六十一年間，臺灣省政府及臺北市政府分別推行臺灣省的小康計畫及臺北市的安康計畫，實施各種積極性的救助措施，頗獲顯着的成效。民國六十九年社會救助法公布施行後，依據新法分別訂定計畫及經費預算，加強推展工作，確有很大的進步，茲述其近況如次：

　　㈠　主管機關：

　　由於我國近年社會變遷的快速及意外事故的增加，社會救助業務不斷擴展，各級政府均有專設部門辦理救助工作。目前社會救助主管機關，在中央爲內政部、省（市）爲社會處（局）、各縣市政府爲社會科（局）、鄉鎮市區公所爲民政課。

　　㈡　救助經費：

　　原有社會福利基金，於民國七十一年度爲中央取消，改由政府編列預算撥付主管單位辦理各項社會福利工作。七十五年度臺灣地區支付社會救助經費約計十六億餘元。此外，各級政府大力推動結合民間力量共同興辦社會福利事業。目前民間設置縣市級以上社會福利慈善基金會已達一〇五個，包括全國性廿三個、省市級四三個、縣市級四〇個，其服務已遍及臺灣地區。又有爲數一萬餘座的寺廟亦多能運用信徒的捐獻，提供作救助之用，蔚爲良好的社會風氣。

　　㈢　救助機構：

　　據內政部七十五年統計，臺灣地區公私立社會救助機構，共計三十所，其中公立十一所，包括臺灣省立五所、縣市立四所、臺北市立一所、高雄市立一所；私立十九所，包括臺灣省私立十所、縣市私立八所、臺北市私立一所。除臺北市立廣慈博愛院、私立愛愛院、臺北縣私立仁濟院、私立聖母安老院外，其餘公私立救助機構均稱爲仁愛之家。

目前各機構的業務，均以免費安養老人為主，預定額為八、一三四人，實際收容額為六、九七○人，尚有一千多餘額，未能充分使用。凡是已被收容的老人，其日常生活所需的衣食住等，都是全部充分供給，倘遇有疾病即予以適當治療，並經常注重其衛生保健，還不斷舉辦康樂活動，以維護其身心健康。此外，配合其體能興趣，傳授技藝及輔導從事輕便的生產工作，俾助其增加收入。近年因事實需要，政府已輔導各公私立救助機構兼辦老人自費安養設施，臺灣省公立有四所，私立有十所，公立的為省立臺北及彰化，縣市立的為縣立臺北及市立臺南等仁愛之家；私立的為基隆市博愛、南投縣埔里、光明、南投、蓮光、嘉義縣濟美、雲林縣斗六市同仁、臺南縣麻豆鎮普門、臺南市臺南、及高雄縣高雄等仁愛之家，共收容達七百人，收費標準不一，每人每月最高為四千元，最低為比照免費者所需費用辦理。內政部自六十六年起，辦理社會救助機構評鑑，至七十二年已先後舉辦四次評鑑，約兩年一次，頗能促使各救助機構相當的進步。

　　㈣　救助工作：

　　依現行社會救助法規定，社會救助工作內容，分四大項，即生活扶助、醫療補助、急難救助、災害救助，茲分述辦理情形：

　　1.　生活扶助：這是政府對低收入家庭提供現金或實物，以維持他們的最低生活需要。省市政府衡酌地方需要及財政狀況有不同規定：

　　①　臺灣省社會救助辦法界定臺灣省低收入戶為「平均分配全家人口，每人每月未超過最低生活費用者」。此項最低生活費用由省府參照前一年公布的家庭每人平均所得三分之一範圍內訂定。（民國七十四年臺灣省政府公告低收入戶最低生活費用為每人每月二千元）。

　　②　臺北市低收入戶查定辦法規定低收入戶最低生活費用為：市政府參照前一年家庭收支調查平均經常性支出百分之四十範圍內訂定。

（民國七十四年臺北市政府公告低收入戶最低生活費用爲每人每月爲二千二百五十元）。

　　③　高雄市低收入戶調查辦法規定低收入戶最低生活費用爲參照最近一年政府公布的每人平均所得三分之一內訂定。（民國七十四年高雄市政府公告爲二千一百元）。

　　據七十四年調查，低收入戶人數十一萬八千一百零一人。最近幾年調查結果，符合低收入規定者約佔總人口千分之六至七。又據省社會處一項研究報告顯示，低收入戶致貧的主要原因爲原來貧窮、人口衆多、負擔家計者死亡、久病不癒、及殘障等五種。因之，生活扶助確是照顧低收入者的有效措施之一，省市現行生活扶助措施，包括家庭補助、年節慰問、住宅整建與平價住宅、教育補助與獎助學金、創業貸款、以工代賑、育嬰補助、急難無息貸款等，其中以家庭補助爲主要的一種，依規定凡列冊低收入戶均應給予扶助，其標準隨最低生活費調整，以符實際需要。例如七十四年家庭補助，臺省爲戶長及家屬均爲每人每月一千二百元，臺北市爲戶長一千五百元、家屬爲八百元，高雄市爲戶長一千二百元、家屬爲六百元。總計七十四年度政府支付低收入戶家庭補助費達三億四千五百二十八萬四千元。

　　2.　醫療補助：

　　依社會救助法規定，醫療補助對象有三：①低收入的傷、病患者。②救助設施所收容的傷、病患者。③患嚴重傷、病所需醫療費用非其本人或扶養義務人所能負擔者。省市政府各自依法訂定醫療補助的標準與方式：

　　①　臺灣省對第一、二類低收入戶均予免費醫療，第三類低收入戶補助醫療費百分之七十，對非低收入戶患嚴重傷病所需醫療費非其本人或扶養義務人所能負擔者補助百分之三十。

② 臺北市對列册低收入戶均予免費醫療。

③ 高雄市除低收入戶免費醫療外，清寒市民無力就醫者補助醫療費百分之七十。

省市政府提供醫療補助方式，均由受助者向政府領取醫療補助證，持往指定醫療機構，接受醫療服務，醫療院所事後再向政府請領所需醫療費用。七十四年度政府辦理低收入戶及清寒民眾醫療補助費，計達六億三千零十六萬六千九百七十四元。

3. 急難救助：

凡民眾因長期患病、遭遇意外傷亡，或其他原因，致家庭生活陷於困境時，需要緊急救助始能渡過難關者，均得向戶籍所在地主管機關申請急難救助，其救助的方式，以發放現金為原則。至於救助金額多寡並無限制，以供被救助者能渡過一時難關為度。因此，急難救助乃是一種臨時性、突發性的社會救助措施，如果經急難救助仍然無法解決其困難，則由當地主管機關依法核列為低收入戶，給予長期救助。由於急難救助，愈來愈多，業務益形重要，各級政府都指派專人負責每日剪報工作，對報載因貧病或遭遇意外事故，生活陷入困境，急待救助者，主動派員訪視，予以必要協助。高雄市政府還成立「急難救助立即處理中心」，設專線電話服務臺，俾為急待救助之人作最迅速有效的服務。臺灣省各縣市社會工作員亦提供類似的立即服務，並已創設「臺灣省急難救助基金」，運用社會各界財力，以新臺幣一億元為目標，配合政府預算，合力辦理急難救助工作。截至七十四年底已籌募基金六千七百五十七萬餘元，救助二百零一件，發給救助金五百七十五萬六千元。七十四年度政府辦理急難救助所支用經費，計達一億一千三百五十萬零三千四百四十八元。

4. 災害救助：

臺灣地區地理環境特殊，每年都有颱風、地震等災害，人民生命與財產的損失慘重。依社會救助法規定，省市及縣市政府視災情需要，辦理災害的搶救及善後處理，對災民臨時收容、供應口糧、給予傷亡或失踪濟助、及輔導修建房舍等事項，均訂有防救天然災害及善後處理辦法。現行辦理災害範圍包括：水災、風災、震災、火災、礦變、水淹、雷殛等七種，其救助項目及標準爲：

① 死亡每名十萬元。

② 失踪每名十萬元。

③ 重傷每名五萬元。

④ 無親屬屍體埋葬，每具埋葬費一萬五千元。

七十四年度計發放災害救助金四千七百零六萬三千四百元。

六、福利服務：

福利服務 Welfare Service，是現代大多數國家實施社會安全制度或社會福利制度中，與社會保險、公共救助兩大項目相輔而行的另一大項目。一般所謂的福利服務，係指各種不同對象的服務，有兒童福利、青少年福利、婦女福利、老人福利、殘障福利、及其他特殊人群等的服務。在我國的社會福利行政工作裡，福利服務通常由一、兩科主管，範圍依現行立法爲限，僅包括兒童、老人、殘障等福利，茲分述其近況如次

㈠ 兒童福利：

由於在政策方面，我國先後有：民國卅四年中國國民黨六全大會通過的「民族保育政策綱領」、卅六年公布施行中華民國憲法第一五六條實施兒童保護政策的規定、五十三年中國國民黨九屆二中全會通過「民生主義現階段社會政策」中福利服務規定的擴建兒童福利設施等。內政部乃依據上述憲法及有關政綱、政策等規定，研擬兒童福利法草案，經

立法院通過，由　總統於六十二年二月公布施行，引導我國兒童福利工作邁向社會福利的新里程。我國有關兒童教育方面，由教育部主管，有關兒童衛生保健方面，由衛生機關主管，他如托兒所、育幼院所等兒童福利設施，則由社會行政機關辦理，茲就這方面的設施略述之：

1.　托兒所設施：依其性質，可分為一般托兒所及農村托兒所兩種：

①　一般托兒所：是由政府鼓勵地方熱心兒童福利人士及民間團體創辦，收托對象為一般職業婦女及低收入勞工家庭子女，並兼寄養家庭發生臨時變故難童，是固定性長久托兒設施，其收托年齡為滿一足月至未滿六足歲者為限，收托方式分全托、日托、半日托三種，除臨時遭遇變故的難童，不得不予全托外，其餘均為日托或半日托，以維持兒童的正常家庭生活。一般托兒所可助父母有效教養子女，並可使婦女參與人力市場，對增加家庭收入，改善家庭生活，以及促進國家社會經濟發展，均有莫大的助益。未來臺灣地區幼兒將隨人口成長下降而逐年遞減，但隨着社會型態的轉變，小家庭的發展，職業婦女日趨增多，大多不再留在家庭照顧嬰兒，故而托兒所的需求，將會逐年提高。

②　農村托兒所：是近年來政府輔導縣市鄉鎮公所、農會等單位舉辦的一種新興兒童福利事業。每屆農忙季節，農家從事農業生產，對學齡前兒童常無法予以妥適照顧，影響兒童身心發展至鉅。政府乃於民國四十四年起，輔導各縣市舉辦農忙托兒所。舉辦之初，係配合農忙季節辦理，每年舉辦一至三期，每期一個月，嗣以此項農忙托兒所工作，僅能配合農忙季節辦理，為時短暫，已無法適應農村發展實際需要，乃自四十七年度起，將部分地區托兒所改為常年舉辦。從此，由短期性的農忙托兒所遞嬗為常年性舉辦的農村托兒所。此項兒童福利事業，不但使農村及貧困地區學齡前兒童獲得良好保育，而且使許多農村婦女得以

協助農事生產，增進農村經濟繁榮，亦兼具有社會福利及經濟建設的雙
重功能，因此，發展特速。

　　迄至七十四年底，臺灣地區計有公立托兒所十六所，私立托兒所
一、一九一所，農村托兒所二、八六八所，共收托幼兒二二〇、〇八六
人。

　　2.　育幼院所設施：對孤苦無依兒童，政府自辦育幼院外，並鼓勵
民間熱心慈善人士或團體，辦理私立育幼院所，分別予以收容安置，其
方式分為院內收容、家庭補助、及介紹領養：

　　①　院內收容：育幼院內收容孤苦無依兒童，其生活費用及教育
費用，均由院方負擔，對初生至四歲的棄嬰，由資深且具有保育知識與
經驗的保姆負責養育，依照兒童生理、心理需要，給予妥善的照顧，四
至六歲的兒童，開始施予幼稚教育，依兒童個別差異，分別指導，發揮
所長，養成其自立能力。六歲至十五歲兒童，送至附近國小、國中就
讀，國中畢業後，分別輔導升學或習藝。由於家庭計畫觀念，已普遍為
國人所接受，且國民所得，亦年有增加，因此，棄嬰已較前少見。據
臺灣省立育幼院估稱，近年六歲以下幼兒的收容量，亦有大為減少的趨
勢。迄至七十四年底，臺灣地區計有公立育幼院四所，私立育幼院所三
十六所，收容兒童三、三七五人。

　　②　家庭補助：育幼院對貧困家庭兒童，按月撥發主副食費給
監護人自行撫養，並經常派員訪視，協助其家庭解決就業上及生活上的
困難，期使逐漸不需依賴救助，而能維持其最低生活。

　　③　介紹領養：對已收容的棄嬰或無依孤兒，為使其重獲家庭的
溫暖，經調查如有適合領養條件的家庭，即予介紹領養，領養後仍將隨
時派員訪視、督導，用以保障被領養兒童應享的權益。

　　3.　殘障兒童設施：

目前臺灣地區所有身心殘障兒童，據各方資料估計，總數不下十萬人，現有殘障兒童收容、教養、重建等設施中，有小兒麻痺或肢體傷殘重建工作者，計有十所，另有盲童教養院、智能不足教養院及專事收容無法醫療或重建如腦麻痺、軟骨症、畸型等殘障兒童的機構設施少數幾所，總計收容救助的身心殘障兒童約一千五百人。有鑒於小兒麻痺預防藥物的進步，近年此類病患已有逐漸減少的趨勢，今後以盲聾啞、智能不足、腦麻痺、畸型、軟骨症、精神病患等治療與重建工作，將為我國殘障兒童福利工作上最為艱鉅的任務，亟需教育、衛生、及社會三方面的密切配合。

除上述外，政府正推行家庭寄養制度，使失依兒童能在正常家庭生活下身心得到健全發展，已由內政部逐年撥款補助省市擴大辦理。另由內政部撥付專款補助臺北市社會局設立育幼資訊視聽中心，以加強兒童福利，推展親職教育，及提昇托兒機構教保人員專業知能。

(二)　老人福利:

我國自古以來，都是崇老、敬老的，可說是我國優良的傳統風尚，於是歷代相當重視養老的禮俗及養老制度。民國以來，有關老人安養的政策綱領、法規條文亦相當的多，在政策方面: 如建國大綱、民生主義育樂兩篇補述、民生主義現階段社會政策等中都有養老一節; 在法規方面: 如憲法、社會救助法、公務人員退休法、公務人員保險法、勞工保險條例、所得稅法等中也都有老人福利的條文規定。至六十九年頒行的老人福利法更進一步對全體老人的福利服務有具體明確的規定，建立我國老人福利完整的體系，促使政府及民間一致朝向我國老人福利工作目標共同努力邁進。茲述我國老人福利工作近況如次:

1.　老人生活照顧:

①　政府為鼓勵子女奉養年老父母，特別准許國人在申報綜合所

得稅時，扣除撫養父母的生活費用，這項措施對老人福利維護實具有積極意義。

②　多年以來，政府在老人福利的重點，一直放在失依老人的安養及生活補助，至今仍然是政府的主要職責。目前臺灣地區公私立仁愛之家及榮譽國民之家共四十四所，安置老人達四萬人以上，均能獲得適當照顧。此外，老人收容機構已有十幾所設自費安養部分，共安養老人六百多人，已於社會救助工作中述及。

③　我國老人中，大多有安土重遷的傳統觀念，雖已老弱貧病，仍不願遠離故居。臺灣省各縣乃運用社區或村里特別修建小型住所，亦卽運用當地社區或村里的力量設置「安養堂」，專收容安養無依老年貧戶，使之頤養天年，促進社區安和，並由居民志願輪流照顧老人的飲食、洗滌、灑掃等日常生活的服務。

④　多數老人於退休後，苦於無適當方式作有意義的活動，以消遣時日，乃由政府或民間團體特爲老人提供下列各種活動：

一社區長壽俱樂部：爲實踐敬老尊賢風尙，增進社區老人福利與身心健康，並借重老人德望經驗，領導社區發展工作，臺灣省於六十四年八月廿七日公布「社區長壽俱樂部設置要點」，規定各社區內，由退休人員中，選舉組成幹事會，專爲退休人員提供聯誼活動及其他服務事項。

一社區松柏俱樂部：臺北市政府公布「松柏俱樂部設置要點」，鼓勵全市各社區，設置松柏俱樂部，以增進老人休閒活動等服務，包括圖書閱覽、說書、繪畫、琴、棋、藝等活動：

一長春俱樂部：爲加強照顧公敎退休人員、臺灣省政府於六十五年一月公布「長春俱樂部實施要點」，在各縣市設置長春俱樂部，對退休後需要照顧的老人，予以各種適當的服務。

　一長青學苑 Evergreen College: 爲提供老人再度學習及生活於團體的機會，六十七年一月，臺北市基督教女青年會首創老人教育方式的青藤俱樂部，接着七十一年十二月高雄市政府社會局與高雄市基督教女青年會合作開辦號稱老人大學的「長青學苑」，供老人參加進修以來，臺灣地區到處都興辦有類似的老人教育機構，或語言、或園藝、或歌唱、或拳術、或養生之道，都是老人們最感興趣的課程。

　一郊遊活動: 由民間社團及敎會團體，出面舉辦老人遊覽及觀光活動，如「阿公阿婆遊臺北」，曾哄動一時，惟因經費及人力等問題，未能經常辦理。

　一休閒活動: 中華民國老人福利協進會，乃一由民間組成的全國性社會團體，近年來對於老人休閒活動及其他老人福利工作的倡導與推展，頗爲努力，並編印「長春」刊物一種，分贈老人們閱讀。

　另一個值得一提的團體爲: 中國社會福利事業協進會，特別着重對於老人福利的設計，曾舉辦「老人人力銀行」及「老人娛樂營」、「聯歡會」、「座談會」等多項活動，均頗有意義。

　--老人節: 每年農曆九月初九的重陽節，我國自六十三年核定爲老人節，自行集會慶祝，並展開各項有關敬老活動，商店廉價優待。省市政府在老人節舉辦敬老活動中，對七十五歲以上老人，致送紀念品，並配合節日舉行郊遊和登山活動。對百歲以上的老人，省市政府首長，携同禮品，親往道賀、慰問，以示敬老尊長。

　一在宅服務: 不少老人受限於身體行動不便，及乏人照顧，而無法像其他老人們可以自由地到活動中心去活動，於是老人在宅服務 In-home treatment service 開始被實施。老人只要住在家中，由社會工作員或志願服務員定時到家爲老人服務，包括家事助理、精神支持、簡易復健、及休閒活動等等，使老人們獲得很大的安慰，目前正在各地推

展。

一交通優待：　臺灣省訂有「試辦老人乘搭車船優待辦法」，自六十六年四月一日起實施。凡七十歲以上老人，無分中外男女搭乘省營鐵路、公路客車及臺航公司國內航線班輪，不分等級均給予半價優待，各民營交通事業單位，也已大部分響應，比照辦理。高雄市、臺北市、臺南市、基隆市、及臺北縣等地老人可申領敬老普通公車優待卡，享受完全免費搭車的優待。同時，比照上述優待辦法，優待老人遊覽觀光及參觀社教娛樂等設施。

2.　老人經濟保障：

①　社會保險的老年給付是給予老年退休者的經濟一項重要保障。現行社會保險除軍保外，勞保及公保均設有老年給付，凡屆滿退休的勞工及公務員均可獲得定額的一次退休給付，或可支領月退休俸，而使日常生活之需無所匱乏。

②　在社會保險給付不足應付生活所需之時，社會救助就成為彌補社會保險給付的重要措施，均可依法申請生活費或醫療費等補助。

③　使退休老人重獲簡易的工作，也是保障老人經濟的另一個重要措施。政府的就業輔導部門正在研辦「老人部分時間工作就業輔導方案」，可使身心健康的退休者再度活躍於工作崗位上。

3.　老人醫療保健：

①　老人們的體力與精神，多已不如往昔，因此，政府的衞生單位動員健康檢查的醫護人員及設備，每年要為老人們做一次全身或重點的健康檢查，尤其是老人常患的疾病，如高血壓、糖尿病、關節炎等，都是檢查的重點。社政單位協調衞生單位共同訂定老人免費健康檢查及醫療服務的實施辦法，即為推行此項工作的依據。根據辦法規定，經檢查結果，必須醫療時，由醫院給予優待治療。臺灣省更訂頒「臺灣省老

人傷病醫療費用優待辦法」，規定省立各醫院及中醫醫院診所給予半價優待。低收入的老人可以依照社會救助法的規定獲醫療費的全額補助或部分補助。

②　因腦溢血而癱瘓的老人及中風的老人常造成家庭醫療費用及照顧人力的長期而重大的負擔。近年此類病例日益增多的情況下，已經有醫院及專屬的療養復健中心的設置，提供給亟需長期養護的老人。不過，此類服務量尚需逐步增加之中。

③　維護老人身心健康是家庭及醫療院所的主要職責。臺灣地區已有多數公私立醫院設有「高年科」，專門從事老人疾病的診治服務。各公共衛生單位也常舉辦老人疾病防治的宣傳。以臺北市、高雄市為例，還做了建卡管理，由公共衛生護士到家服務，為老人的醫療保健提供直接便捷的服務。

除上述外，目前政府在老人福利措施方面正加強下列幾項重要工作：1.為使罹患慢性病癱瘓老人有適當的養護場所，補助省市籌設老人療養機構，近已完成高雄市、臺北市各一所，至臺灣省立老人養護中心則正在積極籌建中。2.為使老人能有適當場所從事休閒活動，動用福利計畫專款，補助十三個社區老人休養機構，如長壽俱樂部、松柏俱樂部等，充實內部設備。3.督促並補助省市政府繼續加強辦理老人在宅服務，全省各地均在推展此項工作。

㈢、殘障福利：

殘障之人，自古即已存在，惟在農業社會中，有家族或鄉里負主要的看護和保養的責任，使問題不太嚴重；但至工業社會，社會結構改變，過去的方法不再完全適用，於是殘障問題便形成嚴重問題。我國　國父在遺教中，對於殘疾之人的福利早有構想。先總統　蔣公在所著「民生主義育樂兩篇補述」中，復加補充發揮。他分殘障為生理的殘疾與心理的

殘疾，前者指盲、聾、啞、跛、及其他肢體殘障，後者則指精神病患。更明白指出殘障的照顧與救助，乃國家與社會的責任，國家必須設置專責機構主司其事，可見　國父及　蔣公對殘障福利的重視。我國殘障福利的政策，在民族保育政策綱領、戰後社會安全初步設施綱領、民生主義現階段社會政策、及現階段社會建設綱領等中，均有明確的規定；我國現行殘障福利的立法，則有中華民國憲法第一百五十五條、殘障福利法及其施行細則、按摩業管理規則、職業訓練法、特殊教育法等，亦均有具體規定，其中六十九年六月二日公布施行的「殘障福利法」，尤爲主要，使殘障福利工作推行更有依據。內政部於民國六十九年舉行全國戶口普查時附帶辦理殘障調查，又於七十年舉辦「臺灣地區殘障者複查與鑑定」，自七十年六月起至七十一年六月止。經複查結果，七十年臺灣地區殘障人口有一七七、九一七人，參加鑑定人數有一六〇、四七九人，未參加鑑定者有一七、四三八人，其未參加鑑定的主要原因，包括死亡、通知不來、無法聯繫等。經鑑定列入等級的殘障者計有一二八、四二〇人，占總人口千分之七‧一。男性爲八一、〇四三人，占總人口千分之八‧六；女性爲四七、三七七人，占總人口千分之五‧五。其中臺灣省總人數爲一一三、〇七八人，臺北市爲八、七四七人，高雄市爲六、五九五人。就殘障類別分，以肢體殘障六三、九〇二人爲最多，餘爲視覺殘障占一五、五八〇人，聲音或語言機能殘障占三、七五六人，聽覺或平衡機能殘障占三、〇五二人，智能不足者占二一、〇一二人，多重殘障占二一、一一七人。就其是否接受輔導或安置的意願結果顯示：需要接受輔導或安置者有一三六、一七五人次，占八七‧〇五％，其中以需要社會服務者占最多，計四四、八四二人次，其次爲需要養護者三〇、六九九人次，不需要輔導或安置者計二〇、二六七人次，占一二‧九五％。上項複查與鑑定工作結束後，內政部仍繼續逐年統計，截

至七十四年六月止，臺灣地區殘障人口數共計一三六、七七〇人，較七十一年複查鑑定增加八、三五〇人，其中視覺殘障者占一六、三一六人，聲音或語言機能殘障者占四、〇一五人，聽覺或平衡機能殘障者占三、二八三人，肢體殘障者占六八、九三五人，智能不足者占二一、九四九人，多重殘障者占二二、二五四人，其他占一八人。

經過上述殘障者複查與鑑定後，政府依法發給殘障手册，予以適當的福利服務。茲就我國社政機關推行殘障福利的近況，分七方面簡述如次：

1. 視覺殘障者方面：

① 盲童收容教養：為照顧低收入無依盲童及兼其他殘障的兒童，經政府輔導設置私立盲童育幼院一所、殘盲教養院二所，免費供給膳宿，所需經費由政府補助。除施予生活自立訓練外，並安置於附近國小、國中就讀。

② 盲人職業重建：臺灣地區有盲人重建機構二所，均成立達三十年，免費收容視覺障碍青年，先施予生活適應訓練後，再分別施予職業重建，項目包括按摩、木工、鐵工、鉗工、電話接線等，結訓後輔導就業，自立謀生。

③ 保障盲人按摩業：政府早制定的「臺灣省各縣市按摩業管理規則」及六十九年頒行的「殘障福利法」中，均規定「非視覺殘障者，不得從事按摩業」，政府又訂頒「按摩業管理規則」，規定從事按摩業者，須經按摩技術士技能檢定合格，並領有職業許可證者方得執業，這都是保障盲人權益的規定。至七十四年底止，內政部職訓局業已依管理規則，辦理四次按摩技術士技能檢定，計有合格者六六六人，均發給合格證書，分別就業。

④ 其他盲人福利：除上述外，尚有其他福利措施多項，諸如補

助盲人福利機構製作及出版點字讀物、有聲課本等，免費提供盲人閱讀，部分圖書館附設盲人讀物資料中心、盲人點字閱覽室、盲人有聲圖書室等；盲人搭乘國內航線飛機半價優待，其陪伴人亦予八折優待；盲人點字郵件免費優待；進口盲人用品免徵關稅；盲人子女可減免學費等；臺灣地區各省市均成立盲人福利協進會，各縣市成立分會，隨時為會員提供急難救助、技藝訓練、就業輔導、獎學金等，並為盲人權益的爭取與維護。

　　2.　聽覺障礙者方面：

　　　①　聽覺障礙兒童均可在全省四所啓聰學校及各國中、國小啓聰班接受特殊教育，畢業後均易獲得適當的職業。有關的福利及互助事宜，則由省市及縣市聾啞福利協進會辦理，各級政府分別酌予補助。

　　　②　年老無依的聽覺障礙者，由各地公私立仁愛之家予以收容安養。

　　3.　肢體殘障者方面：

　　　①　肢體殘障者收容教養：臺灣地區有五所收容肢體殘障者教養機構，可收容三八五人，施予復建、教育或養護。

　　　②　肢體重建：經醫學上證實，大多數殘障者如能給予適當的矯治及復健，仍可恢復部分的機能。政府對低收入及家境清寒的殘障者，係委託公私立傷殘重建機構先予以肢體矯治，而後給予裝配義肢、支架、輪椅等，所需費用均由政府負擔。自六十四年至七十四年底止，計有九、二五二人次接受政府補助。

　　　③　脊椎側彎矯治：脊椎向側方彎曲，壓迫胸腔，使呼吸困難，減低肺活量，且使心臟功能減退，除非接受手術治療矯正，否則影響生命存活率。但此手術費用昂貴，家境清寒者由政府補助七〇％，家境良好者補助五〇％。

④　職業重建: 臺灣省政府現除設立仁愛習藝中心一所, 專辦肢體殘障者技藝訓練, 可容納二百人參加訓練, 職種有鐘錶修理、木藝雕刻、女裝縫紉、齒模技工、寶石研磨、木模、視聽電子修護等外, 並委託其他公私立機構辦理殘障者技藝訓練。高雄市國民就業輔導所辦理縫紉、電繡、家電修護及西服製作等, 並委託慈善團體和廠商辦理皮雕、人造花、印刷燙金、貝殼品製作等; 臺北市政府亦有委託公私立機構辦理殘障者訓練。內政部更於七十一年度起推展殘障福利專案計畫, 用於輔導設置殘障福利工廠及辦理殘障者技藝訓練工作。高雄市及臺北市均已分別籌設殘障者技藝訓練中心, 每年參加技訓的殘障者計有四百人。

⑤　開拓殘障者就業:

一輔導設置殘障福利工廠: 內政部自七十一年度起補助省市政府設置或輔導民間企業公司或慈善機構設置殘障福利工廠 (或稱庇護工廠), 省市政府亦分別編列預算配合辦理。至七十四年度已輔導二十四家廠商或機構設置殘障福利工廠。這些福利工廠有以訓練為主, 有以安置就業為主, 有訓練與就業一元化者。二十四家福利工廠每年計可安置五百人在廠就業, 安置的對象包括肢體殘障及中、重度智能不足者。

一辦理殘障創業貸款: 省市政府均已分別訂頒「殘障創業貸款實施辦法」, 對曾接受技藝訓練或有一技之長, 且有創業意願的殘障者, 給予貸款以輔導殘障者自立, 貸款金額最高為十萬元, 自領款一年後開始償還本息, 償還期限最高為五年。

一設立殘障實習商店: 由政府提供場所, 輔導殘障者自行組織經營商店, 一方面展售殘障福利工廠成品, 一方面使殘障者學習經營, 以協助其自行創業。

一鼓勵公民營事業僱用殘障者: 由社政機關協調有關單位, 對於停車場收費員、公有市場攤位、公有育樂場所售票員、工友、及技工

等，保留適當比率給予殘障者。凡公民營事業機構僱用殘障者人數超過其僱用總人數百分之三以上者，由政府予以公開表揚。

4. 智能不足與多重殘障者方面：

① 教養與養護：智能不足者依其程度，可分為輕度（可教育性）、中度（可訓練性）、重度（養護性）三種，至於多重殘障者大部分屬於養護性的重度殘障。對於可教育性的輕度智能不足者，係由國小啓智班及國中益智班施教；中度及重度智能不足者，始由社會福利機構收容教養。省市政府於七十年籌設三所公立智能不足者教養機構外，並積極輔導民間慈善團體設置智能不足者教養機構或日間托育中心，且補助現有機構擴充院舍，以增加收容人數，加強智能不足者的照顧。

② 專業訓練與教材提供：為增進公私立殘障教養機構工作人員專業知能，經常舉辦智能不足與多重殘障機構工作人員在職訓練，臺灣省並委託專家編印教材，免費提供機構工作人員參考。

5. 殘障者搭乘交通工具優待方面：

民國四十八年即訂頒「臺灣省殘障者搭乘車船優待辦法」，實施殘障者搭乘車船半價優待。自殘障福利法公布，凡殘障者搭乘國內公民營水、陸、空公共交通工具，得憑殘障手冊半價優待，臺北市更實施免費優待。

6. 提供殘障者諮詢服務方面：

省市政府均已分別設立「殘障福利諮詢服務中心」，提供有關殘障者鑑定、醫療、復健、就學、就業、就養等項的聯繫與轉介、法令解說、心理、社會、職業等適應問題的輔導、親職教育的推展、殘障福利的宣導、調查與研究等。

7. 舉辦關懷殘障活動方面：

各級政府及民間公益、慈善團體等均已經常舉辦各項關懷殘障活

動。例如「臺灣地區身心障礙國民運動大會」, 自六十六年開始, 省市政府輪流主辦, 每二年一次, 包括運動會、園遊會、同樂晚會、表揚殘障傑出人士、及殘障福利有功人士等。又省市政府分別訂定「殘障福利週活動計畫」及「關懷殘障週活動計畫」,每年定期舉辦各項殘障活動。各民間公益、慈善團體更是不定期舉辦殘障聯誼活動, 均邀殘障者參與, 以擴大其社交關係。

　　8. 其他福利措施方面:

　　如殘障者特製的三輪機車免繳使用牌照稅; 殘障者免費參觀文教設施; 臺北市實施殘障者觀賞電影半價優待。

七、社區發展:

　　社區發展 Community development, 是從英文直譯過來的名詞,自一九五〇年起, 聯合國推行社區自治工作方式於經濟正在開發的農村, 稱之為「社區發展」。嗣以各國都市發展迅速, 聯合國乃於一九六〇年大力推行都市社區發展計畫, 於是社區發展包括農村社區與都市社區在內, 逐漸形成近世各國普遍重視的一項社會改革運動, 卽使新興國家如非洲、亞洲、拉丁美洲、中東各國, 莫不均有社區發展的設施。我國深受國際潮流的影響, 亦已推行社區發展工作,但主要的依據, 乃在於「民生主義現階段社會政策」, 在此政策中採用「社區發展」一詞, 是我國正式使用社區發展名詞的開始, 並在政策中將社區發展列為社會福利措施七大要項之一, 規定「以採取社區發展方式, 促進民生建設為重點」, 這也就是我國社區發展正式列為國家政策的開始。民國五十七年五月, 行政院令頒「社區發展工作綱要」, 對社區發展的推行機構、推行步驟、工作項目、工作要領、經費來源, 都有具體的規定。至此我國社區發展已不僅成為重要施政工作項目之一, 而且是有計畫的逐漸邁向全面推展, 至今已近二十年, 社區發展促進了社會的進步, 也加強了經

濟的發展，所收的績效，確屬可觀。茲就臺灣地區推行社區發展工作的近況，分述如次：

（一）　工作計畫：

臺灣省政府為執行「民生主義現階段社會政策」，於五十七年訂定「臺灣省社區發展長期計畫」，原為八年計畫，嗣後改為十年計畫，至六十七年又將十年計畫延長三年，至七十年復頒「臺灣省社區發展後續第一期五年計畫」，臺北市政府係於五十九年頒行「臺北市社區發展推行計畫」；高雄市則於七十年頒行「高雄市社區發展後續第一期五年計畫」。省市政府分別推行社區發展工作，經由運用社會福利基金，訂定全面工作重點，分年厘訂工作計畫普遍推展，自五十七年至七十四年止，臺灣地區共發展四、三一七個社區（臺灣省四、〇八三個、臺北市一五六個、高雄市七八個）；受益戶數共計二、〇三二、三九二戶，受益人數共計九、四三六、四二三人（臺灣省一、八三四、六五二戶，八、六二七、五一七人，臺北市一六〇、〇五五戶，六三四、六九一人，高雄市三七、六八五戶，一七四、二一五人），佔全臺灣地區人口總數一千九百二十六萬人（七十四年底統計）的百分之四十九。就地理分佈言，除都市計畫區域或其他因素未規畫在內外，絕大部分農村與都市郊區及一般住宅地區均已發展成為社區。

（二）　工作目標：

社區發展是一種多目標、多角性的社會福利事業，首重現代化經濟建設與社會建設齊頭並進，其範圍包括物質生活與精神生活、有形福利與無形福利在內。為使各項工作兼籌並顧，且易於實施起見，我國社區發展工作事項具體的規劃為三個建設範圍，作為工作目標：

1.　基礎工程建設：旨在從事生活環境的整建、維護，喚起民眾共同致力改善生活環境，創造舒適與愉快的生活。此一建設包含物質與經

濟發展層面，涵蓋改善個人生活衛生、家戶衛生、及公共設施等，其基本項目包括：自來水、排水溝、街巷道路等。

2. 生產福利建設：旨在喚起民眾自立更生，提高所得，增進大眾福祉。此一建設屬於經濟與社會活動層面，包括實施共同生產、獎勵科學管理經營、加強共同運銷、實施社區造產、增進福利建設、建立福利服務體系。

3. 精神倫理建設：旨在變化國民氣質，發揚我國固有文化與傳統倫理道德，培養國民具有現代化的生活觀念。此一建設係屬社會與文化建設層面，主要包括：興建社區活動中心、圖書室、運動場、小型公園、組織長壽俱樂部、社區童子軍、媽媽教室、及推廣其他休閒、育樂、文化、民俗才藝活動等。

㈢ 工作成果：

上述三大建設，各自分為若干小項，這些工作細目由社區理事會斟酌社區內資源與居民需要，經調查、設計，而選定為各該社區工作重點，訂定社區發展工作計畫，分別推行各項建設，使各方面獲得顯著的成果，如：

1. 基礎工程建設方面：

① 興修街巷道路：各地鄉村的街巷道路已由無路變為有路，從小路變為大路，高低不平道路變為康莊大道，原為泥土道路，已舖設為水泥或高級柏油路面，使社區內外交通暢通無阻，且對農業機械化的推廣、產品運銷，都有莫大助益。

② 衛生服務：

—實施社區醫療服務：由衛生所派員下鄉指導，辦理社區家庭護理衛生保健教育、推廣家庭計畫等，對鄉民衛生保健有很大幫助。

—衛生工程建設：主要興建排水溝及自來水，對環境衛生及居民

健康均大有改善。

　　一家戶衞生：每家多在簡單樸素情況下，做到整齊淸潔；住屋、廚房注意通風、採光；廁所、浴室也多爲現代化的設備。

　　一綠化、美化社區：對社區的綠化、美化工作亦由政府輔導推行，將原有髒亂空地，改建爲小型公園，並規劃公共場所及倡導家戶注意庭院的綠化、美化，達到庭園花園化、空地菓園化、馬路花圃化等目標。

　　2.　生產福利建設方面：

　　目前臺灣地區已發展的社區，約有百分之八十爲農村或城市鄉村混合型態的社區，因此農村社區的生產福利建設工作尤爲重要，玆列舉其具體工作成果：

　　①　社區農場共同經營及委託經營：自民國六十年實施加速農村發展計畫，致力推展農場共同經營及委託經營。凡具有十五至二十公頃耕地面積相毗鄰的農民，鼓勵組成集體經營農場，將參加共同經營農戶的農機具集中使用、運用代耕、代營、共同挿秧、病蟲害防治、收割等；另由小農戶委託專業農戶集體經營農場，以擴大經營規模，提高農機耕作效率。

　　②　倡辦家庭副業及手工業：以社區發展方式推行家庭副業，一方面運用社區剩餘人力從事家庭副業及手工藝品等生產，一方面進行組織、訓練、生產、運銷等工作方法，由政府有關機構輔導，成立聯合或合作社組織，以提高生產，增加收入，改善生活。家庭副業的項目，隨地區特性、季節、供需和潮流而不同，大多以養殖、栽植、加工、手工藝、生產技術或專業知識傳授、及勞務提供等爲主。

　　③　推行社區造產：由各社區審視本身特性、資源、來決定社區造產工作，諸如興建公共池塘、有效利用空地種植、興建公共市場、規

劃開發觀光風景區、設立農業專業區、推廣服務業等。目前社區造產已有一、○六五處。

④ 社區設置生產建設基金：由各社區自行籌募規定的金額，再由政府撥付所定的獎助款合併存入公營銀行設立基金專戶，從事投資社區福利生產事業，若一時無適當投資，得以基金孳息從事社區建設成果維護及推行社會教育或其他社區公益等事項。目前二千四百六十六個社區設置此項基金。

⑤ 社區合作組織：

一社區合作社：臺灣地區的偏遠農村為應居民需要已成立一百五十個合作社，辦理消費、生產、公用、代理、運銷等業務。

一社區合作農場：由政府有關單位輔導設置社區合作農場一一二個，從事廢除田埂、擴大耕作面積、推行機械耕作、調配農機、實施農林漁牧綜合經營及設置水稻育苗中心等。

⑥ 住宅改良：政府為改善農村居住環境，年來配合國民住宅計畫、小康計畫、農村建設計畫等，採社區發展方式，積極從事山胞、離島居民、及農村住宅的改善。目前臺灣地區農村住宅，大多已經改為水泥、鋼筋、磚牆建築，並注重通風、採光、及注重美觀，兼顧我國傳統建築原則，採用現代化的設備等，各方面已大獲改善。

⑦ 社區托兒所：為使職業婦女或農村婦女在工作或農忙期間，得以寄託子女，使兒童獲致妥善照顧，而讓母親安心工作，社政機關均全力推動托兒所設立，至今已設社區托兒所二、五六一所。

3. 精神倫理建設方面：

① 興建社區活動中心：這是召開理事會議、辦理農業推廣、社會教育、衛生保健、及各種社區文化精神活動必備的場所，目前約九六‧三％的社區已有自己的社區活動中心，其他三‧七％的社區，乃利用

公私立學校、寺廟或其他公共場所推行各項活動。

②　推行媽媽教室活動：自民國六十二年開始推行媽媽教室活動以來，至今每一社區均設有媽媽教室，由社區內婦女依其教育程度、作息時間、個人需要及興趣組成，提供聯誼活動、親職教育、家事管理、手工藝習作、家庭經濟管理、家庭計畫、及休閒康樂與社區服務等。

③　組織社區童子軍：由社區理事會遴選熱心推展童軍活動人士，成立社區童軍團務指導委員會，負責遴選社區童軍輔導幹部，共同策劃推行童軍訓練及各項活動。至七十四年底止，已成立五百一十八個社區童子軍團。

④　組設長壽俱樂部：近年政府積極輔導各社區組設長壽俱樂部，以社區活動中心、寺廟或其他適當場所爲活動地點，由社會工作員經常輔導、運用政府的補助與社會資源，舉辦慶生會、金銀婚紀念、郊遊及其他康樂活動等。同時，每年定期爲老人作健康檢查，還設立長青學苑，招收老人參與進修各項課程及文化活動。目前臺灣地區已組設社區長壽俱樂部二千八百九十九個，老人們對所辦活動都普遍歡迎而積極參與。

⑤　推展社區全民運動：各社區已普遍響應政府推行全民運動的號召，成立各種體育活動社團，積極推展各項體育活動：

　—都市社區：以慢跑、健身操、土風舞、太極拳、郊遊、登山、露營、及各項球類比賽爲主。

　—農村社區：以舉辦趣味競賽及富有傳統且具有地方性的民俗體育活動爲主。

⑥　普設社區圖書室：利用社區活動中心、寺廟或學校設置社區圖書室，鼓勵民衆讀書捐書，並由農林、衛生、文教等單位，免費提供文宣、農業推廣、及醫療保健書刊供民衆閱覽，並經常舉辦各種藝文活

動及各種展覽等。

　　⑦　倡導守望相助運動: 為了維護社會安寧秩序, 各級政府均已輔導社區設立守望相助組織。

八、人民團體:

　　我國的人民團體, 在鴉片戰爭以前, 僅有舊式的工商組織, 如「公所」、「行會」、「工幫」之類, 尤在明清兩朝盛行。自鴉片戰爭以後, 海禁大開, 清末期間, 廣州、上海、香港等大商埠, 開始有新式的工會、商會等組織, 例如廣州的打包工業聯合會, 於咸豐年間 (一八五一年——一八六一年) 成立, 廣東機器總工會, 於光緒卅一年 (一九〇五年) 成立。民國六年, 廣州有華僑工業聯合會的組織, 不久又改組為中華工會; 民國八年八月五日, 中華工會通電全國各省組織工會, 共同發展工業。民國十三年中國國民黨改組, 一月十九日召開第一次全國代表大會, 一月廿三日發表宣言, 對農村組織與勞工組織宣告改良, 並扶助其發展, 再加　國父的不斷指示, 於是國內的人民團體, 如工會、農民協會、商會、教師會、學生會、婦女會等團體, 均在各地勃然興起。北伐期間, 各地人民團體更隨軍事進展, 在國民黨的策動下, 達到普遍動員的地步。許多人民團體的正式成立, 也就在北伐成功, 建都南京以後, 並由國民政府陸續頒布, 立法, 如十八年的商會法、漁會法、工會法及施行法等, 十九年的農會法、漁會法施行細則等。自北伐後至對日抗戰初期, 各地的人民團體原都在中國國民黨各級黨部督導, 至廿九年十一月十六日, 行政院特設社會部, 始以社會行政機關統一主管全面的人民團體, 接替由黨的指導時代。該部初設時由組織訓練司主管, 卅一年調整為人民團體司主管。同時, 卅一年二月十四日, 頒布「非常時期人民團體組織法」, 成為一般性人民團體共同適用的母法, 迄今仍普遍適用。卅八年, 中央政府遷臺, 社會部有關人民團體業務, 裁併為內政部社會司

主管，至今分設職業團體科、社會團體科、農民團體科三科分別負責。近年這三科的主要工作，茲列舉如次，以見一斑：

(一) 職業團體科：

1. 輔導全國性及區級工商自由職業團體如期召開各種法定會議，順利完成理監事的改選，並建立完善的會籍、人事與財務制度，以健全組織，發揮功能。七十五年度計有一百五十三個團體召開年度會員（代表）大會，其中有五十個團體改選理監事。

2. 會同有關機關完成全國性及區級工商自由職業團體七十四年度工作績效考核評鑑，評定特優者（頒發獎狀）有廿一個團體，優等（嘉獎）者有六十二個團體，乙等（不予獎懲）者有六十九個團體，丙等（加強輔導）者有七個團體，均已分別辦理獎懲。

3. 會同經濟部等目的事業主管機關擴大聯合舉辦七十四年工商團體會務工作研討會，以綜合研討，會務觀摩、自強旅遊等方式進行，效果良好。

4. 輔導全國性及區級工商自由職業團體有效拓展業務，積極主辦或參與國際性會議或活動。七十五年度較重要的活動，包括：第一屆學術研究機構提供企業服務展示會、中華民國優良消費性工業產品展示會（以上全國工業總會主辦）、國際珠算協會一九八五年大會暨第十四屆國際珠算競技大會（全國商業總會）、第十一屆亞太傢具協議大會（家具公會）、第十一屆世界華藥商聯誼會（製藥公會）、組團出席第十五屆世界華商貿易會議（全國商業總會）、亞細亞大洋州醫師會聯盟第十四屆大會（醫師公會全國聯合會）。

5. 參與各種自由職業團體法規：會計師法、復健技術人員法、建築師法施行細則、技師法施行細則、營養師法施行細則、助產士法施行細則等的修訂工作。

6. 會同經濟部修正發布「商業團體分業標準」, 以應經濟發展需要, 便利業者組織公會。

㈡ 社會團體科:

1. 輔導成立全國性社會團體, 並協助已成立團體推展會務, 截至七十五年六月底止, 計五八五個, 包括七十五年度輔導成立的團體廿一個, 依據非常時期人民團體組織法, 加強督導各級人民團體實施辦法等加以輔導其推展會務。

2. 繼續輔導全國性體育團體的改選工作, 至七十五年上半年度, 卅九個團體理監事改選完成, 強化其領導陣容。

3. 七十五年度全國性社會團體爭取在我國舉辦國際性會議活動, 較重要者有「國際女醫師協會亞太區域會議」、「世界不動產聯合會第卅七屆大會」、「國際老人福利研討會」、「世界水上救生總會一九八五年年會」、「第一屆國際風箏友誼賽」等, 均予協助籌備的支援輔導。

4. 督導省市政府及全國性社會團體辦理各種紀念節日活動, 以十月份各種紀念節日活動為中心, 本隆重、熱烈、節約及安全原則, 完成慶祝紀念活動。

㈢ 農民團體科:

1. 輔導各級農漁會完成七十四年度改選工作, 絕大部分農漁會均能如期完成, 惟少數農漁會因選舉糾紛或地方派系的干擾, 未能依進度完成。

2. 輔導各級農漁會辦理農漁民刊物, 以宣導政令, 並反映農漁民需要, 促進雙向溝通。會同有關機關假中華民國農訓協會調訓農漁會刊物編輯人員, 以提高刊物的編印水準。

3. 輔導基層漁會開辦信用業務, 七十五年度增加四個區漁會開辦信用業務, 總計現有十八個區漁會均辦理信用業務。

4.　依據農漁會改選總檢討報告及各級政府、農漁會等的反映意見，邀集有關機關代表、學者專家與民意代表，組成研修「農漁會法規專案小組」，通盤檢討現行農漁會法規，並已完成「農會法部分條文修正草案」及「漁會法部分條文修正草案」各一種，於七十五年六月十日報請行政院審議，其餘相關子法與解釋令亦將繼續檢討修正。

5.　輔導中華民國農民團體幹部訓練協會辦理訓練，七十五年度計調訓各級農漁會幹部，農會部分共五十期六十九班五、七三五人次，漁會部分共七期八班五三二人次，對提高農漁會幹部的素質助益甚大。

據內政部七十一年七月編印的「中華民國社會福利概況」所載，我國現有人民團體的形態，可分爲三大類型，包括的團體形態及數字如下：

㈠　社會團體：包括學術文化、醫藥衛生、國際公益、慈善、宗教、青年、婦女、體育、宗親、同鄉、校友等團體，共計四、二九六個。

㈡　工商團體：包括工業、商業、礦業、輸出業、律師、會計師、建築師、技師、醫師、藥師、醫事檢驗師、藥劑生、新聞從業人員、教育等團體，共計四、一一七個。

三、農漁團體：包括農會三〇四個、會員一、〇三四、七〇〇人；漁會四二個，會員一七二、八二七人。

又據中華民國七十五年「內政統計提要」所載人民團體統計，如下表：

類　　別	團　體　數	會　　員　　數	
		個 人 會 員	團 體 會 員
全　國　性	1,060	1,391,824	43,800
地　域　性	9,422	5,059,969	34,961
合　　計	10,482	6,451,793	78,761

內政部為因應時代的需要，及社會團體日見增加的趨勢，早已着手起草「社會團體法」，取代舊有的「非常時期人民團體組織法」。但又因緊急制定「動員戡亂時期國家安全法」（簡稱國安法），須將原有的「非常時期人民團體組織法」作大幅修正為「動員戡亂時期人民團體組織法」，以資配合，已由立法院審議中，故已起草的「社會團體法」祇好作罷。

九、合作事業:

近代的合作事業，原為一種國際性的運動，是以「互助」、「合作」為基礎，以「民主」、「平等」為原則，並以共同經營為方法，在消極方面，可以減少中間支出，保護消費者權益；積極方面，可以增加收益，提高國民生活水準，建立安和樂利的社會。因之，它早已是世界各國普遍重視的社會經濟組織。同時，它也是一種現代人民團體以外的社會團體，具有國際性的傳統。最早係由英國的歐文 Robert Owen，及法國的傅利葉 Charles Fourier 等一班社會主義思想家所倡始，今以北歐各國最為盛行有效。我國的合作事業，始於民國，先由薛仙舟先生，大力倡行，並由　國父倡導，在民元雙十節演講詞中，已提示:「將來中國的實業，應建設於合作的基礎之上」。後在　國父手著「地方自治開始實行法」中，更明白指出:「地方自治團體應辦者，為農業合作、工業合作、交易合作、銀行合作、保險合作」；先總統　蔣公在許多訓詞中，亦一再強調合作事業的重要，還特別說:「合作事業是我們推進民生政策的基本工作」。我國憲法第一百四十五條便明定「合作事業應受國家之獎勵與扶助」。由此可見合作事業在我國很受重視之下，得到快速的發展。民國廿三年三月一日，合作社法由國民政府公布施行，使全國合作社的組織，乃有法律的依據。次年十一月，實業部設置合作司，開始掌理全國合作行政。二十八年，實業部改為經濟部，合作司擴展為合作

事業管理局。二十九年十一月，行政院成立社會部，將合作事業管理局改隸於社會部，為積極推行合作事業，此時有關合作法規，發佈特多。至三十八年，大陸淪陷，社會部裁併於內政部，初設社會、合作、勞工三司，政府遷臺後，內政部合作司又併入社會司設合作事業科，以迄現在。因此，合作事業是由內政部主管，而屬於社會司負責的社會行政業務之一。至於臺灣地區的合作事業，迄今已有七十多年歷史，最早發軔於民國二年，在日據時代，先成立「臺北信用組合」，即以信用合作肇端。光復之初，鑒於合作組織的普遍，亟須加以整理，為便於推行原有合作組織的接管、整理及改組等工作，乃於省及各縣市先後設置合作行政機構，分別辦理省及縣市合作行政事宜，由於此項合作行政機構的設置，迄今已逾三十年，其中頗多嬗變，茲分述之：

㈠　省合作行政機構：臺省光復之初，全省合作行政事務，暫由前臺灣省行政長官公署民政處第二科兼辦，辦理合作組織的接管、整理及改組等初步規劃工作。民國卅五年八月始於行政長官公署民政處之下設合作事業管理委員會，掌理全省合作事業。三十六年五月，臺灣省行政長官公署改組為臺灣省政府後，於同月十六日將合作事業管理委員會改隸於省政府民政廳。嗣為加強合作行政的管理與合作事業的推行，於同年六月廿五日改組為臺灣省合作事業管理委員會，直隸於省政府，由主席兼任主任委員，社會處長兼任副主任委員，同年十二月，復改組為臺灣省合作事業管理處，隸屬於省社會處之下，直至現在。

㈡　縣市合作行政機構：臺省光復初期，各縣市的合作行政管理，在縣市政府之下，多未專設合作行政單位主管其事，係由民政局（科）兼理合作行政事務。迨民國卅六年，始視各縣市行政區域的大小與合作業務的繁簡，依據行政院頒行的「縣合作指導室組織暫行辦法」的規定，在縣政府之下，以設合作室為原則，直隸縣長；市政府則以設合作

股爲原則，隸屬於民政科。嗣於卅九年十月，臺省實施地方自治，同時調整各縣市行政區域，合作行政機構亦隨之有所調整。五十年七月，臺灣省各縣市政府組織準則重新頒布實施後，統盤調整內部組織，並規定設置合作行政機關的標準，除臺北市、高雄市及陽明山以外，凡縣市轄區內人口在五十萬以上，合作社及合作農場在八十個以上者，得設合作室，辦理合作行政事務，其不合上項標準者，則於縣政府民政局之下設置合作課或於市政府社會科之下設置合作股。各縣市政府均依照此項規定，修正組織規程：

1. 設置合作室，直隸縣長者，計有臺北縣、桃園縣、新竹縣、臺中縣、彰化縣、雲林縣、嘉義縣、臺南縣、高雄縣、屛東縣等。

2. 設置合作課，隸屬於縣政府民政局者，計有宜蘭縣、苗栗縣、南投縣、臺東縣、花蓮縣、澎湖縣等。

3. 設置合作股，隸屬於市政府社會科者，計有基隆市、臺中市、臺南市、嘉義市、新竹市等。

此外，臺北市、高雄市改爲院轄市後均於市政府社會局內設股辦事。

近年來臺灣地區的合作事業，經由各級政府的積極輔導，以及合作界從業人員的共同努力，不論在業務或社務方面，都有顯著的進展。據七十五年版「中國合作年報」的統計，迄七十四年底，全國共有各種合作社 4,120 社，合作農場 221 場，合計達 4,341 單位，社員人數 3,862,966 人，股金總額新臺幣 9,108,878,252 元。各類合作社場，包括農產、林產、畜產、漁產等生產合作、青果運銷合作、工業產品運銷合作、信用合作、供給合作、土地利用合作、勞動合作、運輸合作、倉庫利用合作、住宅公用合作、消費合作，以及保險合作等十數類，舉凡與國計民生有關的產業，幾已均有合作組織，其中尤以信用合作組織、

青果運銷合作組織，最具規模，業務蒸蒸日上，而消費合作組織則普及各地，社員以學校員生居多。這對於扶植國內中小企業的發展，促進民族資本的形成，及維護生產者與消費者雙方的權益，以及輔翊民生主義社會經濟制度的建立，都有重大的貢獻。我國新的合作社法修正草案，已於七十二年送立法院審查，至今尚未完成，希望早日通過審查，相信這一新法必能切合時代進步的要求，更能帶動我國合作事業邁進新的發展境界。

主要參考書目

陳國鈞: 社會政策與社會立法 (三民書局七十二年三版)。

陳國鈞: 社區發展工作認識 (中國社區發展研究訓練中心六十一年初版)。

陳國鈞: 社區福利服務 (中國社區發展研究訓練中心六十二年初版)。

陳國鈞: 中外社會運動比較研究 (中央文物供應社七十年初版)。

陳國鈞: 公共救助 (華欣書局六十四年初版)。

陳國鈞: 勞工問題 (三民書局七十三年五版)。

陳國鈞: 現代勞工問題及勞工立法 (正光書局七十三年四版)。

陳國鈞: 臺北市工會組織研究 (臺北市社會局)。

陳國鈞: 勞工研究論著 (法商學院出版課六十八年初版)。

陳國鈞: 我國勞工新課題 (中國勞資關係協進會七十五年初版)。

劉脩如、陳國鈞: 社會立法 (三民書局六十年再版)。

劉脩如: 社會福利行政 (正中書局六十四年初版)。

劉脩如: 社會政策與社會立法 (開明書局六十六年初版)。

劉脩如等: 中外社會政策比較研究 (中央文物供應社七十一年初版)。

白秀雄: 社會福利行政 (三民書局六十八年初版)。

白秀雄: 社會行政 (華視教學部六十七年初版)。

白秀雄: 社會工作 (三民書局六十七年初版)。

白秀雄: 美國社會福利發展 (中國學術著作獎助委員會五十九年初版)。

張天開: 各國勞資關係制度 (中國文化大學出版部六十六年初版)。

張天開: 各國勞資爭議處理制度 (內政部六十六年印)。

張天開: 勞工檢查 (中國文化大學勞工研究所六十六年初版)。

張天開: 勞工教育 (聯經出版公司六十七年初版)。

張天開譯: 勞工行政 (內政部七十一年印)。

張天開：勞工行政比較研究（中國文化大學出版部七十三年初版）。

丁幼泉：勞工問題（華欣書局六十三年初版）。

丁幼泉：企業內的勞工問題及其處理（正中書局六十六年初版）。

陸光、蔡宏照：社會福利經濟效益之研究（中華民國社區發展研究訓練中心七十五年印）。

詹火生等：各國社會福利經濟效益（明德基金會生活素質研究中心七十五年印）

李增祿：社會福利與社區發展之研究（臺中市社會工作研究服務中心七十二年初版）。

李增祿等：中外社會福利服務比較研究（中央文物供應社七十一年初版）。

李增祿主編：社會工作概論（巨流書局七十五年初版）。

周建卿編：社會安全論叢第一集、第二集（水牛書局六十年及六十八年初版）。

周建卿編：社會安全通論（中華書局七十五年初版）。

陳繼盛：勞資關係（正中書局六十八年初版）。

陳繼盛：建立勞工法規完整體系之研究（行政院研考會七十一年印）。

劉昆祥：勞工行政問題研究（中國文化大學勞工研究所六十五年初版）。

劉昆祥：勞工問題綜論（中國社會安全協進會七十二年初版）。

劉昆祥：馬超俊先生勞工思想研究（中國文化大學勞工研究所印）。

邱創煥：中國社會福利思想制度概要（商務印書館六十六年初版）。

邱創煥：社會福利與民生（臺灣省府印刷廠七十五年初版）。

岑士麟：社會政策與社會立法（永大書局七十二年初版）。

林振裕：社會政策與社政法規（金玉出版社七十四年初版）。

孫本文等：社會行政概論（中國文化服務社卅二年初版）。

朱辛流：社會行政概論（中華書局五十年初）。

傅　雲：社會福利行政（中央警校六十六年初版）。

謝徵孚：社會問題及社會政策（正中書局五十八年初版）。

劉銘譯：社會福利概論

覃怡輝譯：比較社會政策與社會安全（黎明文化事業公司六十八年初版）。

言心哲: 現代社會事業（商務印書館、三十五年初版）

康國瑞: 各國社會安全制度（反攻出版社五十四年初版）。

秦孝儀主編: 中華民國社會發展史（四冊）（近代中國出版社七十四年初版）。

中國勞工運動史（五冊）:（中國勞工運動史編纂委員會七十三年增訂）。

陸京士: 中國勞工政策之理論與實際（臺灣省社會處印）。

龍冠海: 社會學與社會問題論叢（正中書局五十三年初版）。

柯木興: 社會保險（中國社會保險學會七十五年初版）。

薛文郎: 就業輔導的理論與實際（學生書局七十三年初版）。

王典謨: 職業訓練研究（工商教育出版社七十二年初版）。

董泰琪: 我國勞工行政之檢討與改進（自印六十五年初版）。

蔡漢賢、林萬億: 中外社會福利行政比較研究（中央文物供應社七十三年初版）。

Titmuss, R. M.: *Social Policy:* An Introduction, New York, Panthean Books, 1974.

Heffernan, W. J.: *Introduction to Social Welfare Policy*: Power, Security and Common Human Needs, F. E. Peacock Publishers, Inc. 1979.

Marshall, T. H.: *Social Policy in the Twentieth Century*, London, Hutehinson, 1945.

Dolgoff, R. and Feldstein, D.: *Understanding Social Welfare*, New York: Harper & Row, 1980.

Friedlander, Walter A.: *Introduction to Social Welfare*, Prentice-Hell, Inc. New Jersey, Second Edition, 1963.

Haber, William and Wilbur J. Cohen: *Social Security Programs, Problems, and Policies*, Richard D. Irwin, Inc., Homewood, Illinois, 1960.

Dunham, Arthur: *Community Welfare Organization:* Principles and Practice, 1958.

Burn, Richard: *The History of the Poor Law:* with Observation, London, 1764.

Axinn, J. & Levin, H.: *Social Welfare:* A History of the American Res-
ponse to Need, New York: Harper & Row, 1982.

Social Services in Britain, 1966. Prepared for British Information Services.

Social Servicer in International Perspective, 1979. U. S. Dept. of Health,
Education, and Welfare.

Social Welfare Services in Japan, 1979. Ministry of Health and Welfare
in Japan.

三民大專用書書目——國父遺教

三民大專用書書目——法律

中華民國憲法與立國精神	胡　　佛 沈　清　松 石　之　瑜 周　陽　山 著	臺灣大 政治大 臺灣大 臺灣大
中國憲法新論（修訂版）	薩　孟　武 著	前臺灣大學
中國憲法論（修訂版）	傅　肅　良 著	前中興大
中華民國憲法論（最新版）	管　　歐 著	東吳大
中華民國憲法概要	曾　繁　康 著	前臺灣大
中華民國憲法逐條釋義㈠～㈣	林　紀　東 著	前臺灣大
比較憲法	鄒　文　海 著	前政治大
比較憲法	曾　繁　康 著	前臺灣大
美國憲法與憲政	荊　知　仁 著	前政治大
國家賠償法	劉　春　堂 著	輔仁大
民法總整理（增訂版）	曾　榮　振 著	律　　　自
民法概要	鄭　玉　波 著	前臺灣大學
民法概要	劉　宗　榮 著	臺灣大
民法概要	何孝元著、李志鵬修訂	司法院大法官
民法概要	董　世　芳 著	實踐學院
民法總則	鄭　玉　波 著	前臺灣大
民法總則	何孝元著、李志鵬修訂	
判解民法總則	劉　春　堂 著	輔仁大學
民法債編總論	戴　修　瓚 著	
民法債編總論	鄭　玉　波 著	前臺灣大學
民法債編總論	何　孝　元 著	
民法債編各論	戴　修　瓚 著	
判解民法債篇通則	劉　春　堂 著	輔仁大
民法物權	鄭　玉　波 著	前臺灣大學
判解民法物權	劉　春　堂 著	輔仁大
民法親屬新論	陳棋炎、黃宗樂、郭振恭著	臺灣大
民法繼承	陳　棋　炎 著	臺灣大

三民大專用書書目——政治・外交

政治學	薩孟武 著	前臺灣大學
政治學	鄒文海 著	前政治大學
政治學	曹伯森 著	陸軍官校
政治學	呂亞力 著	臺灣大學
政治學概論	張金鑑 著	前政治大學
政治學概要	張金鑑 著	前政治大學
政治學概要	呂亞力 著	臺灣大學
政治學方法論	呂亞力 著	臺灣大學
政治理論與研究方法	易君博 著	政治大學
公共政策	朱志宏 著	臺灣大學
公共政策	曹俊漢 著	臺灣大學
公共關係	王德馨、俞成業 著	交通大學等
中國社會政治史㈠～㈣	薩孟武 著	前臺灣大學
中國政治思想史	薩孟武 著	前臺灣大學
中國政治思想史（上）（中）（下）	張金鑑 著	前政治大學
西洋政治思想史	張金鑑 著	前政治大學
西洋政治思想史	薩孟武 著	前臺灣大學
弗洛姆(Erich Fromm)的政治思想	陳秀容 著	政治大學
中國政治制度史	張金鑑 著	前政治大學
比較主義	張亞澐 著	政治大學
比較監察制度	陶百川 著	國策顧問
歐洲各國政府	張金鑑 著	政治大學
美國政府	張金鑑 著	前政治大學
地方自治概要	管歐 著	東吳大學
中國吏治制度史概要	張金鑑 著	前政治大學
國際關係——理論與實踐	朱張碧珠 著	臺灣大學
中國外交史	劉彥 著	
中美早期外交史	李定一 著	政治大學
現代西洋外交史	楊逢泰 著	政治大學
中國大陸研究	段家鋒、張煥卿、周玉山主編	政治大學等

三民大專用書書目——行政・管理

三民大專用書書目——心理學

三民大專用書書目——社會